華志文化

華志文化

人生必讀的博奕策略

博奕智慧的63個簡易遊戲理論

生活是永無止境的決策過程
策略的優劣取決於遊戲規則

白波 郭興文／編著

遊戲者不同的策略選擇產生不同的遊戲結果

生活中每個人如同棋手，在下著：看不見的棋盤，精明者：互相揣摩互相牽制，下出諸多精彩繽紛、變化多端的棋局。人生活一輩子每天都在與世界博奕，今天有幸碰到本書，為何不盡早學會博奕策略，這樣的人生策略，對您是最有意義的一件事。

博奕論是從日常的遊戲中抽象提煉出來的，並且也是可以用來指導這些遊戲的。

前言：人生必讀的博奕策略

古語有云，世事如棋。生活中每個人如同棋手。每個行為就像在一張看不見的棋盤上布局，棋手們慎重的揣摩，相互牽制，下出諸多精彩分呈變化多端的棋局。

我們認真思考一下就能發現，像下棋這樣的遊戲都有一個共同的特點：即策略具有舉足輕重的影響和作用。雖然某些遊戲體力和其他固定條件的作用會更大，但這些條件及其對結果的影響和作用，雖然某些遊戲體力和其他固定條件的作用會更大，但這些條件及其對結果的影響既定以後，策略的選擇就成了參加遊戲者的最關鍵的因素。

遊戲者不同的策略選擇產生不同的遊戲結果。

這樣特徵並不只存在於各種真正的遊戲中，許多重要的活動，同樣具有這些特徵。比如經濟決策、市場競爭、政治、軍事活動等等，如果分析它們的本質也都與一般遊戲一樣「運用策略」為不二法則。

博奕論是從日常的遊戲中抽象提煉出來的，並且也是可以用來指導這些遊戲的。作為一種關於決策和策略的理論，博奕論研究的許多例子來自於日常生活和商業活動中的遊戲和事物，而博奕論的理論當然也適用於這些遊戲和事物。

如果我們能有效掌握博奕論的基本原理和方法，一定能使我們在未來對抗性更強、競爭更激烈的社會生活的各個方面的競爭性和對抗性的加強，隨這人們對自身

行為和決策的理性及效率的更高層次的追求，人們必將更多的利用，博奕的原理來指導自己的行為，以爭取更理想的結果。

人生活一備子每天都在與世界博奕，今天有幸碰到本書，為何不盡早學會博奕策略，這樣的人生策略，對您是最有意義的一件事。

編者謹識

★奕與弈，到底哪個字才是正確的呢？就讓我來替大家解惑，答案是：2個詞都是正確的！因為古字中的「奕」和「弈」是通用的。

目錄／人生必讀的博奕策略

「資訊不對稱」影響了一大批經濟學家，大家又相繼發現了許多個「檸檬市場」。

62 幸存者遊戲／304

我們對博奕論的關注，不應只是為了學會如何戰勝別人，而是為了明瞭人生為什麼如此，並從中汲取知識，致力於實現更合理、也更符合群體利益的合作方式。

63 誠信如何在困境中為生／315

世界不是一個「幸存者」遊戲。在這個「零和」遊戲中，勝利是排他的：一人勝利，意味著其他人失敗，但在生活中，並不一定這樣。

1 聰明囚徒的困境

合作？還是背叛？這是一個問題。「囚徒困境」準確地抓住了人性的不信任和需要相互防範背叛這種真實的一面。

甲、乙二人合夥作案，結果被警察抓了起來，分別被隔離審訊。在不能互通資訊的情形下——也就是彼此不知道對方是坦白還是緘默的前提下，每個嫌疑犯都可以作出自己的選擇：或者供出他的同夥，即與警察合作，從而背叛他的同夥；或者保持沈默，也就是與他的同夥合作，而不是與警察合作。這樣就會出現以下幾種情況：

如果兩人都不坦白，警察會因證據不足而將兩人各判刑年；

如果其中一人招供而另一人不招，坦白者作為證人將不會被起訴，另一人將會被重判十五年；

如果兩人都招供，則會因罪名成立各判十年。

這兩個嫌疑犯該怎麼辦呢？是選擇互相合作還是互相背叛？從表面上看，他們應該互相合作，保持沈默，因為這樣他們倆都能得到最好的結果——只判刑一年。但他們不得不仔細考慮對方可能採取的選擇。問題就這樣開始了，兩個人都十分精

明，而且都只關心減少自己刑期，並不在乎對方被判多少年（人都是有私心的嘛）。每個人都會這樣推理：

假如對方不招，我只要一招供，立馬可以獲得自由，而不招卻要坐牢一年。顯然招比不招好。

假如對方招了，我若不招，則要坐牢十五年，招了只坐實年。顯然還是招更好些。

可見無論對方招與不招，我的最佳選擇都是招認。兩個人都會基於同樣的想法作出招供的選擇，這對他們個人來說都是最佳的，即最符合他們個體理性的選擇。但就整體而言卻是一個最差的結果。

為什麼會發生這樣的事？對於任一個嫌疑犯而言，他在這場博奕中所尋求的最穩定策略。也就是說，無論對方怎樣行動，我的策略都能保證我不是「被害者」。對方背叛，我也背叛求的是「不吃虧」，而對方的不坦白與抗拒，也會給我提供可乘之機——即背叛能得到更多。總而言之，我的背叛總是好的。儘管兩個人都招供，對兩個人而言並不是集體的最優選擇。

就是這個故事使博奕論有了一個重要的名詞：囚徒困境。在一九五〇年，數學家阿爾伯特·塔克爾（Ａｌｂｅｒｔｗ·Ｔｕｃｋｅｒ）第一次提到這個「博奕玩具」時，他並沒有意識到是他揭開了冰山的一角。在給一群心理學家講演時，他用兩個囚犯的故事，將當時專家們正研究的一類博奕論問題，作了形象化的描述。這個形象的描述顯然極為成功。

因為人類的天性是趁利避害的，是自私的。用英國哲學家霍布斯的話說，「自然狀態」中人與人之間像狼與狼一樣，是「每個人對每個人的戰爭」。在這種狀態中，每個人都力圖保護自己的利益，並企圖佔有別人的東西，此時，每個人是每個人的敵人。此時沒有任何規則，沒有財產，沒有正義或不正義，只有戰爭。而「囚徒困境」恰恰準確地抓住了人性的真實一面：相互防範背叛與彼此的不信任。

這可以說是理性的人類社會活動最形象的比喻。兩個工業國家之間相互設置貿易壁壘便是「困境」的一個很好的例子。

任何一個國家在國際貿易中都面臨著保持貿易自由與實行貿易保護的兩難選擇。由於自由貿易能給雙方帶來好處，因此，如果兩個國家消除這些貿易壁壘都能受益。問題是，無論誰單方面採取行動消除自己一方的貿易壁壘，它都會發現自己處於不利於本國經濟的貿易狀態下。事實上，不論一個國家如何做，另一個國家保持它的貿易壁壘總是比較有利的。因此，每一個國家都有利益動機來保持貿易壁壘，儘管由此帶來的結果比雙方都合作差得多。

讓我們來看一個發生在真實生活中的「困境」遊戲，有意思的是，玩這個遊戲的人是一群專門研究「合作」的專家。

在荷蘭召開了一次「合作及社會兩難困境研討會」，與會者當然都是博奕論的專家。當大會結束之後，有兩個學者，麥息克和路特提議大家玩一個遊戲。

他們將一個大信封拿出來，請在場的四十位學者專家拿出金錢裝到這個信封裏。如果到最後這信封裏的錢超過二百五十元，麥息克和路特將自己掏腰包，退還每人十元。不過，如果最後信封內的錢不足二百五十元，就統統沒收，大家拿不到半毛錢。仔細想一想，如果你也在場，你會奉獻多少錢呢？

我們來簡單地計算一下每個人應該要放入的數目：250÷43 = 5.81。如果為了防止一些小氣鬼少付或不付，你也可以再多加一點。如果每人放進去七塊錢，應該就可以超過目標二百五十元了。等到最後退還十元錢時，每人都還可以淨賺三元呢。

無論怎樣，這看來都是一個穩賺的買賣。

不過，這遊戲特別要求大家不准討論，也不能偷看別人把多少錢放進信封裏。最後，等到大信封傳回來的時候，兩位主持人打開一數，裏面的錢總共是二百四十五．五九元，比目標二百五十元就差那麼一點點。

看到這種結果，這些學者們群情譁然，一副不敢相信的樣子。這種事情怎麼可能發生？他們統統是德高望重的學者，而且才剛剛結束了兩天的「合作研討會」啊！他們的合作結果居然比目標還少了近五元錢，這下子，大家統統拿不回來半毛錢了。

事後大家一塊兒討論這個令人意外的結果，有些人抱怨只要再多一個有良心的人放進去七塊錢就好了；有些人後悔自己應該再多放一點點的；更有一些人說：「早知道這樣，我寧可那時候放十幾塊錢，最後讓每個人有錢賺，讓主持人付賬。」

但問題是：事先根本不可能有人會真的奉獻超過十元。因為我們都預期別人會拿出他們所該奉獻的那部分。如果真是那樣，那麼我就沒有必要比別人多出一點，反正多出來的部分就是浪費。另一方面，如果我一個人少付一點點，最後也還會超過目標嘛，讓自己多賺一點點大概沒啥關係吧。

如果別人都付七元，而你不付錢，你可以不冒風險就白白賺十元；如果別人沒有付足夠的錢，你也沒付，最壞的情況只是賺不到錢，你並沒有損失什麼。因此你的優勢策略就是：根本不要放進去半毛錢。

每個人都基於這樣想法的話，最後的結果總是令人失望的。造成這種結果同樣是因為每個人都預期別人會拿出他們的本該奉獻的部分，而自己又想盡可能地多「撈」一點，因此才會產生每個人都拿不回錢的結果。

二十世紀八〇年代，當美國的航空業仍受政府管理時，各航空公司對於飛機票價不得自由調整。雖然票價不能任意調降，各航空公司為了吸引顧客，就各出奇招招攬客人：其中最著名的就是所謂的免費里程累積活動。航空公司根據客戶所累積的飛行里程數來贈送免費機票，而這項促銷活動很受客戶的歡迎。

此例一出，其他的航空公司萬不得已紛紛跟進，否則根本拉不到顧客。雖然首

開先例的幾家航空公司在剛開始的時候的確大賺一票，但是等到其他公司採取同樣措施的時候，大家又統統恢復到沒有贈票活動前的市場分配上。這時候。贈票所得到的優勢沒了。這種免費機票就變成航空公司的沈重負擔。

根據一九九四年《時代》周刊的統計，在美國，每七個飛機乘客中，就有一個是使用這種免費機票的。為了減輕負擔。聯合航空公司在一九九四年宣佈將客戶們的免費里程數「貶值」，本來只要二萬英里的里程數就可以換一張美國國內機票，現在需要二萬五千英里才行。這個決定遭到顧客的強烈反對和抗議，聯合航空公司還被告到了法院。這時候他們想要把這種活動叫停，恐怕也已經太晚了。真是早知如此，何必當初。

2 待宰的猴群

道德是消除集體行動悲劇的一個良方。這裏，道德的人並不是不理性的，理性的人是計算的人，是在對得與失作出充分計算後行動的人。

在一個籠子裏關了一群猴子，主人每過一天就打開籠子抓一隻猴子殺掉。每天主人來時，每個猴子都緊張，它們不敢有任何舉動，怕引起主人的注意而被主人選中。當主人把目光落在其中一個猴子身上時，其餘的猴子就希望主人趕快決定。當主人最終作出決定時，沒有被選中的猴子非常高興。那個被選中的猴子拼命反抗，其餘的猴子在一旁幸災樂禍地觀看，這只猴子被殺掉了。這樣的過程日復一日地進行著，最終猴子全部被宰殺掉了。

如果這群猴子群起而攻之，這一群猴子有可能會逃掉。但每只猴子不知道其餘的猴子是否會和它一起反抗，它怕自己的反抗會引起主人的注意而被主人選中宰殺掉。

「待宰的猴子」是「囚徒困境」演繹的典型版本。在人類的世界，也常常有與之相類似的情景出現。

在現實社會中，有時竊賊在公共場所（比如公共汽車）上偷東西時，車上的乘客看到了，但不敢吭聲。沒有被偷的人想，反正被偷的人不是我，我反抗了，也得不到任何好處，反而遭到傷害；而不反抗雖不得益，但也不受損，我何必要反抗呢？

竊賊在偷東西時實際上是在發出這樣的信號：如果誰反抗，將毆打誰。因為如果個別乘客反抗，而竊賊不毆打該乘客的話，就將會有更多的乘客抓竊賊，竊賊將有可能被抓，因此竊賊必然毆打反抗的乘客。

對於乘客來說，竊賊的威脅是可信的，因而乘客的最優策略是「不反抗」；而對於竊賊來說，乘客「不反抗」下的「不毆打」策略為最優。

這種在某種公共場合，需要有人出來維持正義與道德秩序時，卻沒有一個人站出來說一句話的「沈默的困境」常常見諸媒體。

在公共汽車上，歹徒公然搶劫，沒有人出來抗爭；

在遊人如織的公園內，一小孩不慎滑入湖中，沒有人救助；

甚至人流如潮的大街上，一見義勇為者與罪犯進行殊死搏鬥，圍觀者眾多，卻沒有人伸手幫助……

這樣一種群體沈默的結果將使社會風氣惡化。對個體來說，雖然這一次倒楣的不是你，但下次你倒楣的機率就會增加了。這使得我們都如同待殺的猴子，我們不知道什麼時候輪到我們自己。

在一本期刊上曾刊登過這樣一則故事：

一個剛到美國的中國人去一家中國餐館進餐，不巧遇上了劫匪。劫匪拿著一把刀子指向掌櫃，掌櫃把錢櫃裏僅有的兩百多美元現鈔全給了他。

劫匪走後，中國顧客問老闆為何不報警，老闆說報警沒有用，警察至少要半個小時才到，那時劫匪已逃得無影無蹤了。中國顧客不相信老闆的話，他聽說美國警察工作效率很高，案發三五分鐘即可趕赴現場，為了證實老闆的話是否可信，便做一次好事佬按響了報警號碼。

果然如老闆所言，等了半個小時才來了兩個警察，若無其事地做了一個筆錄就走人。

中國顧客義憤填膺，大罵美國警察混賬瀆職。想不到中國老闆依然幫美國警察說話。

「這也不能全怪美國警察，怪只怪我們自己當初不爭氣。說句憑良心的話，美國警察還是很不錯的，既稱職又不受賄。別的地方發生搶劫案，警察總是在三五分鐘內趕赴現場，就我們中國餐館例外。」

「那是為什麼，美國人真的歧視中國人嗎？」

「那倒不是，造成目前現狀的還是中國人自己。早期的情況不是這樣，中國餐館遭受搶劫時，美國警察也是在三五分鐘內趕赴現場，當場把劫匪抓住，可受害人害怕報復，居然不敢站出來指證劫匪，警察只好把抓到手的強盜當場放掉。於是美國警察對來自中國餐館的報警不再熱心了，久而久之就成了今天的現狀。」

而別的商店在光天化日之下卻很少遭搶，因為搶別的商店風險太大，他們不但當場報警，還和劫匪搏鬥，劫匪在得手之後很難安全逃脫。尤其是猶太人開設的店鋪，劫匪更是不敢輕舉妄動。猶太人在遇劫之後不但即刻報警，還督促警察辦案，如果認為警察辦案不力還會合夥出資懸賞緝拿劫匪。碰上這樣的硬對頭，劫匪只好自認倒楣，惟一的對策就是不搶猶太人。這條街上只有一家猶太商店，中國餐館則有十多家，可劫匪只選擇人多勢眾的中國餐館動手，猶太商店從未遭搶。就是那些中國人不敢出面指證而逍遙法外的劫匪也不感中國人的恩，過幾天又照樣來搶。

儘管我們可以認為沈默者心靈麻木、感情冷漠，否則他們應該打破沈默；但我們不能不痛苦地承認，其實，所有的沈默者都十分清醒，不是他們要任憑擺佈，是他們在經過精心的算計後，不能不任憑擺佈。

他們的沈默對他們個人來說，在那種環境下都是最理智最經濟的一種選擇。因為每個人都想損失小些，收益大些，但由此造成的「沈默現象」卻給社會道德以致命傷害。

如何從這種困境中擺脫出來？

我們看到，使「沈默者」不再沈默，採取「反抗」策略在於加大採取「反抗」策略的獲益，而減少「不反抗」的獲益，當「反抗」策略下的獲益大於「不反抗」策略下的獲益時，乘客就會採取「反抗」的策略。

加大道德宣傳，培養人的道德感可以解決這個囚徒困境。增強人的道德觀念就是加大「反抗」策略的獲益，即：當反抗時，儘管有受傷的可能，但是，道德榮譽感或道德滿足感將使得乘客的心理有所補償；而在竊賊行竊時乘客如果不反抗，他的道德感將使得他為自己的行為感到羞恥。

從全社會的角度來說，如果每個公民都有這樣高的道德感，竊賊將成為過街老鼠，社會將從偷竊之風盛行的困境中解脫出來。並且竊賊如果偷竊的話，他知道將會受到道德感強的公民的反抗，他偷竊的收益將很低，他很難再從事偷竊活動了。

我們應該知道，道德的人並不是不理性的，理性的人是計算的人，是在對得與失作出充分計算後行動的人。

3 為什麼沒有成為逃兵？

自豪感通常是一種精英主義情感，它表現為從事大多數人做不到的事情或擁有大多數人不具備的東西。

假設你是一個處於戰場前線的士兵，如果己方獲勝，你的貢獻不太可能是決定性的，你倒是冒著有可能受傷或者犧牲的風險；如果敵方取勝，你傷亡的可能性就更大了。當面對敵方的陣線時你採取何種策略最佳？假如其他人全都勇往直前，那麼，某個士兵只要稍稍落後一點就能大大增加他保住小命的機會，同時又不會顯著降低部隊進攻得手的可能性。

但是，假如每一個士兵都這麼想，那麼進攻就會變成逃跑。此時「囚徒困境」就會出現，因為假如你這邊的每個人都逃跑，敵軍就很容易把你們一舉殲滅。因此，與其每個人都逃跑，每個人都留下來可能對你們比較有利。就團體而言，勇敢一點對大家都好；就個人而言，懦弱一點對你比較有利。對每個士兵而言，做一個逃兵是最優的策略。

這是一個典型的「囚徒困境」的推理。這樣的事情當然不會發生。如果每個士兵都如此推理的話，恐怕戰爭就不存在了。可是，戰爭仍然在歷史的背景舞臺上轟隆作響，這是因為還有比這種簡單推理更多的東西。

對那些缺乏意志與勇氣的士兵，可以通過懲罰臨陣脫逃者來激發他們的鬥志。在大部分的軍隊中，假如有士兵在戰時逃跑，他就會被就地正法。因此，退縮就會被槍斃的壓力反而對士兵有幫助，因為這等於幫他們破解了懦夫的「囚徒困境」。臨陣脫逃遭受懲罰，也意味著是一種無恥的死亡，那麼，選擇勇往直前顯然就會更具吸引力。

古羅馬軍隊曾有這樣的規定，軍隊排成直線向前推進的時候，任何士兵，只要發現自己身邊的士兵開始落後，就要立即處死這個臨陣脫逃者。為使這個規定顯得可信，未能處死臨陣脫逃者的士兵同樣會被判處死刑。這麼一來，一個士兵寧可向前衝鋒陷陣，也不願意回頭捉拿一個臨陣脫逃者，否則就有可能賠上自己的性命。

羅馬軍隊這一策略的精神直到今天仍然存在於西點軍校的榮譽準則之中。該校的考試無人監考，作弊屬於重大過失，作弊者會被立即開除。不過，由於學生們不願意「告發」自己的同學，學校規定，發現作弊而未能及時告發同樣違反榮譽準則。也會導致被開除。

一旦發現有人違反榮譽準則，學生們就會舉報，因為他們不想由於自己保持緘默而成為同樣違規的同夥。與此相仿，刑法也將未能舉報罪行者作為罪犯同謀予以處罰。

在戰爭中每一個士兵似乎都缺乏理性的表面現象就能會聚成一種策略的理性。自豪感被灌輸到每一個士兵的頭腦中去：為祖國自豪，為當兵而自豪，並且相信永遠不能復原的創傷才是千金難買的光榮，而被遣送回家、不能繼續參與行動是可恥而遭人鄙視的。

還有，可能是最重要的一點，為自己所在部隊的傳統而自豪。美國海軍陸戰隊、英國軍隊的著名軍團以及法國外籍軍團就是這一做法的範例。部隊在過去的重大戰役中作出的重大貢獻代代相傳；英勇獻身的事讓人人傳頌。部隊之所以不斷重複自己的歷史，目的就是讓新兵對這一傳統產生一種自豪感，下定決心在相似的重要關頭無所畏懼，勇往直前。

自豪感通常是一種精英主義情感；它表現為從事大多數人做不到的事情或擁有大多數人不具備的東西。

自豪感使得沒有人願意公開接受臨陣豁免的提議，因為這麼做實在太丟人了。不過，即便如此，這些士兵通過拒絕這一提議，在心理上已經破釜沈舟，切斷了回家的退路。他們已經簽訂了一份毫無疑問的合同，宣佈誰也不能苟且偷生。歷代的

將帥都非常清楚應該怎樣激勵他的部隊以及怎樣將他們投入到戰役中去，而他的遠見卓識換來了戰場上的勝利，雖然當時他的士兵數量遠遠少於敵人的數量。

西班牙殖民者科爾特斯在登上墨西哥陸地時，就下令燒毀和搗毀自己的全部船隻，只留下一條船。雖然他的士兵面對著數目大大超過自己的敵人，但他們已經別無選擇，只有戰而勝之。

科爾特斯使每一個人都知道他們全體都會戰鬥到底，因為他們已經沒有可能放棄。

4 哈丁公用地悲劇

哈丁公用地的悲劇在於每一個人都陷入了一個體系而不能自拔，這個體系迫使他在一個有限的世界裏無限地追求自己的最大利益，從而毀滅將成為大家不能逃脫的命運。

設想某地有一個只有兩戶人家的小居民點，由於道路情況不好，與外界的交通比較困難。如果修一條路出去，每家都能得到「三」那麼多好處，但是修路的成本相當於「四」。要是沒有人協調，張三、李四各自打是否修路的小算盤，那麼兩家博奕的形勢如下：如果兩家聯合修路，每家分攤成本「二」，各得好處「三」，兩家的純「贏利」都是「一」；如果一家修另一家坐享其成，修路的一家付出「四」而得到「三」，「贏利」是「一」，坐享其成的一家可以白白贏利「三」（假設修路的並沒有路的地權，他總不能因為修了路就不讓鄰居走）；如果兩家都不修路，結果兩家的贏利都是「〇」。

我們就得到這個博奕的嚴格優勢策略均衡：兩家都不動手，大家都得「〇」。

一般來說，如果彼此只有一家鄰居，他們多半會守望相助，關係比較好。這樣的兩家自然會好好商量修路的問題，一起把路修好，大家都得到好處。

相反，兩家有仇也是可能的，那就麻煩了，不是什麼修路不修路的問題，遲早要出事。但是，博奕論討論所牽涉的局中人，都是經濟學上所講的「理性人」，他們只為己，但是並不刻意害人。現在城市公寓裏面的不少居民在鄰里關係上，有時候差不多就是這種理性人的關係。

對於他們來說，都市化進程的一個副產品，就是即使是近鄰也形同陌路。如果沒有公寓物業管理方面的制度安排的話，新公寓家家裝修一流，可是樓道就雜亂無章，常常還陰暗得很。路燈壞了，往往長久沒有人修理。修路燈也和修道路一樣，是一個大家都袖手旁觀的博奕。

這就是公共品供給的「囚徒困境」：如果大家都只從自己得益多少出發考慮問

題，大家都只打自己的小算盤，結果就誰也不作為，對局鎖定在「三個和尚沒水吃」的局面，排除了合作雙贏的前景。

一個古老的英國村莊，有一片向一切牧民開放的牧場。當牧民養牛的數量超過草地的承受能力時，過度放牧就會導致草地逐漸耗盡。儘管草地的毀壞最終會使每個人的利益都受到損害，但每個人計算的僅僅是自己增加一頭牛的收益會高於自己所付出的成本，因而會盡可能地增加牧牛的數量。這使得每個人在追求自身收益最大化的過程中，實際上在共同損害著包括自己在內的每個人的最大利益。最終的結果可能是所有牧民的牛均餓死。

這就是公共資源的悲劇，也稱為「哈丁公用地悲劇」。美國學者哈丁在一篇重要而具有影響力的文章裏提到，不加限制的個人選擇可能給社會帶來災難。

對公用地悲劇的防止有兩種辦法：一是在制度上的，二是在道德約束上。

所謂制度的方法，即建立中心化的權力機構，無論這種權力機構是公共的還是私人的——私人對公用地的擁有，即處置便是在使用權力。

例如，在河水污染問題，每個企業都會為了使自身收益最大化而無限制地向公共河流中排放污水，每個個人也會因為只考慮自己的方便而向河水中亂扔汙物。對此，公共管理機構或是可以通過制度創新，將河水的清汙費用「內化」為企業的成本，或是通過制裁措施增加個人污染河水的成本。沒有這樣的公共管理措施，公共河流就會像前面所說的公用牧場一樣被人們共同破壞掉。

不同情況下，公用地悲劇可能成為一個多人囚徒困境（每一個人都養了太多的牛）或一個超出負荷問題（太多人都想做畜牧者）。

經濟學家最喜歡的解決方案是確立產權。這也是十五、十六世紀在英格蘭真實出現的事情：公有土地被圍起來，落入當地貴族或地主手裏。

主人可以收取放牧費，使其租金收入最大化，而減少對土地的使用。此舉改善了整體經濟效率，卻同時也改變了收入的分配：放牧費使主人更富有，使牧人更貧窮。

這一規定在其他場合並不適用。公海的產權很難在缺少一個國際政府的前提下確定和執行，控制攜帶污染物的空氣從一個國家飄向另一個國家也是一個難題。基於同樣的理由，捕鯨和酸雨問題都要借助更直接的控制才能處理，但建立一個必要的國際協定卻很不容易。

正如哈丁提到的那樣，人口是一個更加艱巨的難題。決定要幾個孩子，似乎是做父母的個人自由，但是如果人們都傾向於多生小孩，就會造成人口爆炸的危機。現在很多人認識到：生育不是一種自由，而是有限的權利。

古人講究「修身齊家治國平天下」，似乎是從小到大一樣的邏輯。其實，人們對待「家事」和「國事」的邏輯並不一樣，原因很簡單：「修身齊家」的好處是可

見的，而「治國平天下」的好處就不那麼清晰可見了。

公共品和私人品的性質很不一樣。私人品是私有私用，除了像他穿得整齊你看著也舒坦那樣十分間接的效應以外，別人很難沾什麼光。公共品則不一樣，一旦不管是誰提供出來，許多人都可以享用。比如路燈，只要有人裝了，路人都將得到好處，哪怕他沒有為此貢獻過一分錢。

假如市場經濟中存在著被污染、但政府並沒有管制的環境，企業為了追求利潤的最大化，寧願以犧牲環境為代價，也絕不會主動增加環保設備投資。所有企業都會從利己的目的出發，採取不顧環境的策略，那麼狀態可想而知。如果一個企業從利他的目的出發，投資治理污染，而其他企業仍然不顧環境污染，那麼這個企業的生產成本就會增加，價格就要提高，它的產品就沒有競爭力，甚至企業還要破產。二十世紀九〇年代中期，中國鄉鎮企業的盲目發展造成嚴重污染的情況就是如此。只有在政府加強污染管制時，企業才會採取低污染的策略組合。企業在這種情況下，獲得與高污染同樣的利潤，但環境將更好。

所以，公共品問題一定要有人協調和管理。就一個國家來說，最重要的公共品是國防、教育、基礎設施和其他政府部門。

政府責無旁貸，要用好來自納稅人的錢，把文化教育、社會保障、基礎設施和國防公安等事情做好。社區要有專人協調管理，把身邊看起來很瑣碎但是弄不好有損工作、和生活環境的事情做好。只有如此，才會走出「哈丁公用地」的悲劇。

5 為什麼要限制「卡特爾」？

在價格博奕中，只要以對方為敵手，那麼不管對方的決策怎樣，自己總是採取低價策略會佔便宜，這就促使雙方都採取低價策略。

在現實生活中，企業與企業之間，很多情況下與困境中的囚徒所遇情形一樣，沒能真正實現自身的最佳利益，甚至是損人不利己。

現在我們經常會遇到各種各樣的家電價格大戰，例如彩電大戰、冰箱大戰、空調大戰、微波爐大戰……這些大戰的受益者首先是消費者。每當看到一種家電產品的價格大戰，老百姓都會「沒事兒偷著樂」。不過，價格戰的結果誰都沒錢賺。因為博奕雙方的利潤正好是零。競爭的結果是可能對消費者是有利的，但對廠商而言是災難性的。所以，價格戰對廠商而言無疑意味著自殺。

許多企業也意識到這一點，他們結成「聯盟」以謀求自救。這種聯盟被稱為「卡特爾」。但因為卡特爾是由自主的企業組成，所以很不穩定。以產量競爭來說，組成卡特爾，就要討價還價，達成限制產量的協定，總產量因為協定的限制而降低了，

價格也就會上去，可能比結成卡特爾以前高出很多。這時候，誰要是偷偷地擴大眾量，他可能占到很大的便宜。卡特爾聯盟和組成聯盟的成員之間的關係，不是上下級的關係，不是誰服從誰的關係。卡特爾的成員都是獨立的經濟主體，只不過為了利益關係走到一起來了。偷偷違反協定增加產量或提供優惠會撈到很大的便宜，這就促使一些成員違反協定。所以說，卡特爾本身就提供了瓦解卡特爾的激勵。

從政府管制的角度來看，卡特爾在許多情況下是非法行為。幾年前，九家企業曾經一起協定制定最低價格，規定什麼類型的家電至少要賣多少錢，不許把價格降到比協定規定的價格還低的水平，其目的無非是不要競相降價，以免大家的利潤都下降。不過很快，國家計委就發出文件，指出該決議非法。這主要是不許企業聯手提高商品價格而損害消費者的利益。另外，由於爭奪同一市場、長期缺乏溝通，企業彼此間忠誠度極低，合作只是權宜之計。對合作方的違約行為沒有約束力，通常是迅速報復反應或採取跟進戰略，從而造成合作同盟雪崩式解體。

發展國家對壟斷現象和卡特爾現象的限制往往更加嚴厲。最典型的例子是二十世紀八〇年代，經過多年的辯論和漫長的立法程式，美國把原來壟斷電話通訊市場的ＡＴ＆Ｔ公司強行分割為幾個公司。分割以後，由於公司之間的競爭，電話服務的價格很快就下降了一半，再加上競爭激勵出來的技術進步，現在用電話卡從美國往中國打電話一分鐘只要幾美分。

從原則上說，政府鼓勵企業之間的競爭，因為企業競爭會給廣大消費者帶來很大的好處。比如我國電話服務市場長期是壟斷的，所以直到前幾年，在我國許多地方，裝一部電話不僅要花三四千元，而且還要排隊等待不少時間才能裝上。但是在許多發達國家，如果你要裝電話，只需通知電話公司，馬上就會給你裝好，完全不用繳納什麼安裝費。現在，我國電話服務市場開放競爭，消費者固然馬上得到實惠，服務水準也在明顯上升。再如過去我國行動電話市場原來基本上是一家壟斷，當時購置、使用一部移動電話的費用高達一兩萬元，是典型的「奢侈品」。後來打破了這一壟斷，允許幾家企業共同經營，移動電話的費用很快就降到千元左右，幾乎成了人手一部的「必需品」。

初看起來，鼓勵競爭似乎對企業不利，使企業不容易賺錢。但是只有這樣，才能激勵企業改善管理，開發技術，努力以較低的成本生產質量較好的產品。提高企業的市場競爭力。現在，絕大多數企業在國際市場上的競爭力還很低。除了歷史原因外，一個重要的原因就是國內市場競爭的不充分。競爭力不是天生就有的，它本身就是競爭的結果。若不首先讓我們的企業在國內市場好好競爭，它們在國際市場就不可能有強大的競爭力。

6 從「囚徒困境」中獲益

「囚徒困境」也確實揭示了自私對合作的破壞作用，但是正如「有一利必有一弊」這句話，任何事總是相對的，「囚徒困境」給我們帶來的也並不全是壞消息。

「囚徒困境」作為一個比喻，我們會為囚犯不能合作而遺憾；可是如果它發生在現實中，我們就巴不得他們不能合作。如果兩個危險的罪犯通過合作逃脫了法律制裁，一定會給社會造成更大的危害。

如果幾個大企業聯手或勾結起來形成對行業的壟斷，合謀控制物價以謀求最大利潤，我們就不能享受合理的價格，這也會大大增加人們的消費成本，降低人們的生活水平。社會也希望阻撓這個產業合謀，不讓其破解競爭的「囚徒困境」，因為出台「反壟斷法」就是其中一道路障。

不管我們願意尋求合謀或者是阻撓合謀，我們都必須瞭解有什麼途徑可以破解囚徒困境。只有這樣，我們才能找出合適的對策，要麼沿著這條路走下去，要麼在上面設置路障。「囚徒困境」會對企業造成不同程度的壓力，使它們互相背叛並調降價格。

假設有兩家企業賣零件給你，你每周會向兩家供應商買一千個零件，兩家供應商所賣的都是每個十元，兩家供應商不必花一毛錢就可以做出零件，你們公司是零件的大主顧。

零件公司從你身上賺了很多錢，因為它們幾乎不用花錢就可以做出零件。假設你先試著跟兩家供應商談判，希望它們打折，但這不符合對方的利益。除非你能使降價符合它們的利益，比方說使它們陷入「囚徒困境」，降價才有可能。「囚徒困境」必然和賞罰有關，所以如果要使兩家零件企業陷入「囚徒困境」，你應該獎賞惟一一家降價的公司，並懲罰不打折的公司。

目前兩家企業每周各賣給你一千個零件，每個賣十元，所以每週淨賺一萬元。為了形成「囚徒困境」，你必須讓惟一一家降價的企業賺到一萬元以上。假如只有一家企業降價，你應該承諾：首先，所有的零件都向它買；其次，給其一個價格，使其每週可以賺到一萬元以上。

我們假設你要給這家企業的利潤是每個零件六元，於是你告訴兩家企業說，假如只有其中一家把價格降為六元，你的二千個零件都會向這家企業購買，使它每周可以賺到一萬二千元，由於生產這種東西不用花一毛錢，所以兩家公司比較中意的顯然是以每個六元的價格賣二千個零件，而不是以每件十元的價格賣一千個零件。假如一家公司降價，另一家沒降，沒有降價的企業就會無利可圖。假如兩家企業都把價格降為每個六元，那麼你還是會向雙方各買一千個零件，那麼兩家企業的優勢策略都是每個零件賣六元，這就會形成你理想中的「囚徒困境」。

遺憾的是，你的計策可能不會成功，因為你所建立的是重複的「囚徒困境」博奕。假如重複的「囚徒困境」博奕沒有明確的截止日期，那麼兩家企業可能還是繼續以十元的價格賣零件。雙方可能都會想，每個零件賣六元的確可以使這個星期多賺一點，但長期來看，對兩家企業比較有利的做法還是繼續以每個十元的價格賣零件並瓜分市場。假如這場博奕有明確的截止日期，那麼「囚徒困境」的邏輯就會迫使兩家企業立刻把價格降為六元。

你應該怎麼辦呢？你可能可以謊稱只要過了某個日期，你就不會再向這兩家供應商買任何零件。當最後一次確定時，企業想要維持高價就會困難得多。切記，在最後一次的「囚徒困境」博奕中，理性的參賽者一定會背叛對方，而認為未來會遭到背叛的這種想法則會使雙方在前面的每一次都互相背叛，遺憾的是，假如這兩家供應商也賣零件給其他公司，那麼，這個博奕就不會因為你離開市場而結束。

不過，當企業預期將來所賣的零件愈少，雙方在當下背叛競爭對手的動機就會愈強。因此，假如你故意宣佈你馬上就會退出市場，兩家企業通過降價來作弊的動機就會增強。此外，你也可以利用私下的行動來誘使企業作弊。

假設在這個例子中，兩家企業都拒絕把價格降為六元。如果你開始只從一號企業買所有的零件，那麼會發生什麼事呢？如果你還是以一個十元的價格向這家企業買零件，那另一家企業會怎麼想呢？二號企業可能會產生懷疑，它那個幸運的對手其實又給你折扣。就算一號企業向對手保證它沒有降價，對手還是會懷疑它耍詐。

假如一號企業真的賣給你一個零件六元，它顯然就會想到要對二號企業說謊話。

為了加深這種不信任感，你甚至可能會想對二號企業說謊，希望它也把價格改為一號企業的六元。假如二號企業認為它被耍了，它幾乎肯定會降價。當然，就算二號企業不相信一號企業降了價，但如果你把所有的生意都給了一號企業，二號企業還是會著急，並可能因此而降價。

混亂是你在尋求低價時的好朋友。假如你是供應商的重要客戶，向你索取高價對它們就有很大的好處。但只要供應商一向你索取高價，它們就會陷入重複性的「囚徒困境」博奕中，所有的供應商都知道，只要把價格壓低一點，它們可以使你的營業額大幅提高。擔心遭到報復可能會使供應商不敢降價，但各家供應商也都知道，假如它有辦法私下以低價賣給你，那麼它大概就可以提高營業額，其他企業也不會降價。既然所有的供應商都很瞭解本身所處的博奕，它們應該絕對不會完全相信對方。只要價格有一點風吹草動，供應商就會以為自己被騙了。假如市價剛好下跌，供應商可能會懷疑對手私下給了折扣，並因此跟著降價。

為了加強供應商之間的不信任感，你應該做一些奇怪的事，比如把你的生意全部交給一家供應商來做。如此一來，其他供應商可能就會懷疑有人要詐。你甚至可以把所有的生意都交給「看起來」索價最高的供應商來做，如此一來，其他的供應商可能就會相信自己被耍了，否則你為什麼要把全部的生意交給開價最高的供應商

來做？只要製造混亂，你就可以加深供應商之間的不信任感，也許還能讓它們背叛競爭對手來降價。

7 歐佩克（OPEC）的合作問題

博奕的一方必須主動通過可信的承諾向另一方表示合作的善意，如此才有可能使合作成為多次博奕的均衡解。

一次性的「囚徒困境」在現實生活當中很少達到如此兩難的境地，無論在自然界還是在人類社會，「合作」都是一種隨處可見的現象。比如歐佩克石油輸出國組織，（簡稱OPEC）的成立，本身就是要限制各石油生產國的產量，以保持石油價格，以便獲取利潤，是合作的產物。OPEC之所以能夠成立，各組織成員國之間之所以能夠合作，是因為「囚徒困境」如果是一次性博奕的話，基於個人利益最大化，只會有相互背叛的可能，但如果是多次博奕，人們就有了合作的可能性，「囚徒困境」就有可能破解，合作就有可能達成。

但合作的可能性不是必然性。博奕論的研究表明，要想使合作成為多次博奕的均衡解，博奕的一方（最好是實力更強的一方）必須主動通過可信的承諾，向另一方表示合作的善意，努力把這個善意表達清楚，並傳達出去。如果該困境同時涉及多個對手，則要在博奕對手中形成聲譽，並用心地維護這個聲譽。這裏「可信的承諾」並不是什麼空口諾言，而是實實在在的付出。所以合作是非常困難的。所以OPEC組織經常會有成員國不遵守組織的協定，私自增加石油產量。每個成員國都這樣想，只要他們不增加產量，我增加一點點產量對價格沒什麼影響，結果每個國家都增加產量，造成石油價格下跌，大家的利潤都受到損失。當然，一些產量增加較少的國家損失更多，於是也更加大量生產，造成價格進一步下降。結果，陷入一個困境：大家都增加產量，價格下跌，大家再增加產量，價格再下跌……

理論上，幾乎所有的基於利益合作的同盟都會遭到失敗，原因就在於其協定（類似囚犯的攻守同盟）沒有成員有興趣遵守。那麼是不是不可能有合作成功了？理論上，如果是無限期的合作，雙方考慮長遠利益，他們的合作是會成功的。但只要是有限次數的合作，合作就不會成功。比如合作十次，那麼在第九次博奕參與人就會採取不合作態度，因為大家都想趁最後一次機會撈一把，反正以後我也不會跟你合作了。但是大家料到第九次會出現不合作，那麼就很可能在第八次就採取不合作的態度。第八次不合作會使大家在第七次就不合作……一直到，從第一次開始大家都不會採取合作態度。

一個一次性的博奕沒有辦法令雙方達成互惠合作。只有在一種持續的關係中才

能夠表現懲罰的力度，並因此成為合作的激勵。合作破裂自然就會付出代價，這一代價會以日後利潤損失的形式出現。假如這個代價足夠大，作弊就會受阻，合作就會繼續。

當石油輸出國組織的國家體會到它們的困境後，便會達成一致的協定說：大家都應該減少油的產量。不過，石油輸出國組織的每個成員卻是各懷鬼胎。假如其他國家都降低了本身的產油量，那麼作弊的國家如果生產大量的原油，就能得到世界油價上漲的好處。

在這種情況下，石油輸出國組織的成員便形成了沒有明顯最後一次的重複囚徒困境博弈。無論就哪一次來說，作弊都符合各個國家的利益。某個國家這次之所以沒有作弊，是因為假如它被抓到，以後其他國家就會接二連三地作弊，最終吃虧的還是自己。

8 即使是競爭也會有合作

單純的「零和遊戲」從實質利益、長遠利益上來看都是不利的，因此你應該選擇一種「雙贏」的策略，講求彼此的和諧與互助合作。

經濟學的假設前提是自私的理性人——人們首先關心的是自己的利益，沒有仁慈或憐憫，只有一己之利。比如在企業中，老闆給員工加薪目的是為了確保員工能在工作上全力以赴，而絕對不會無條件地為員工加薪，應該是不存在「善行」一說的。只有讓老闆相信，給員工更多的錢對自己有好處，員工才能得到加薪。但就算每個人都是抱著毫不留情的你爭我奪的心態行事，博奕論的邏輯還是會經常迫使自私的人攜手合作，甚至互相待之以忠誠與尊重。

在此，我們要引入一個概念：零和遊戲。所謂零和遊戲就是遊戲雙方一方所贏正好是另一方所輸，總和為零。零和遊戲這種簡單的「你輸我贏」的思考方式卻會給自己帶來更大的麻煩。就像雙方拿著一根繩子進行拔河比賽，輸贏分明——對方贏一寸，你就輸一寸。

單純的「零和遊戲」——「你死我活」從即時利益、長遠利益上來看都是不利的，因此你應該選擇一種「雙贏」的策略，講求彼此的和諧與互助合作。面對利益時，與其獨吞，不如共用。

非零和遊戲把自己的規則定為：一方若以擊倒另一方為遊戲主旨則會造成雙方皆輸的結果。獲得雙贏結果的惟一途徑是幫助另一方獲得勝利，至少是使其成員滿意的收益。

其實，在人與人之間的交往中，雙方的關係並不是簡單的「你贏我輸」的對抗

關係。雙方可以都做得很好，也可能都做得很糟。制勝不是靠打擊對方、壓倒對方，而是靠引導對方採取對雙方都有利的行為，即合作的行為。

以拔河作比喻，雙贏則是兩方同時有許多隊伍拔河，雙方各派出許多小組，針對不同的情況，也就是以不同的繩子拔河比賽。分開來看，每小組基本上都是一個零和遊戲，但是結果各小組有輸有贏，如果你所贏的小組是你所在意，但對手不太在乎的；而你所輸的是對你無關緊要，但是卻對對手很重要的。在這種情況下，兩方面都能覺得自己是勝利者，因而達到雙贏的效果。

比如，企業與員工雙方激烈的爭執與互不相讓的對抗，讓人無可避免地認定，在彼此之間所進行的是一場我贏你就輸的「零和遊戲」。

員工的要求是縮短工作時間、提高基本工資、增加福利等費用。如果我們以「零和」思維來看，其基本思路是，老闆的腰包裏掏出來的錢越多，員工就可以獲得越大的福利。反之，老闆多「節流」一點，損害的就是員工的利益。順著此線索走下去，甚至會發展成一個詭異的邏輯：只要業主受害，員工就有福，因此企業所要求的，就應該是員工所要反對的。

然而，在兩者之間的關係果然是一場「零和遊戲」嗎？試想，企業員工收入的增加無疑會加大企業的負擔，也因此增加運營成本，使企業在市場的競爭中的優勢相對削減。反之，企業如果過於苛扣員工的福利，自然不會留住人才，最終的結果仍然是企業在市場競爭中優勢的削減。如果企業發展停滯、萎縮，乃至崩潰，企業所有者固然受害，失去工作與收入的員工更加損失慘重。不斷地加大企業的經營成本，降低競爭能力，其後果不正是如此嗎？彼此利害與共、福禍相依的關係，又如何可以視而不見？

其實，業主與員工雙方的利害在許多場合中是一致的。

在一艘將沈的船上，我們所要做的並不是將人一個一個地剷下海去，減輕船的重量，而是大家齊心協力將漏洞堵上，因為誰都知道前一種的結果是最終大家都將葬身海底。

即便是在激烈的市場競爭中，偶爾也要合作才能夠共存。由於商場的博奕既複雜又多變，因此作為參與者分辨自己所參與的是哪種博奕，並在所參與的博奕中得到最大的好處。

微軟公司和蘋果公司一直是電腦市場上的重量級拳王，互為對手，在市場競爭中鬥智鬥勇，各逞風流。

二十世紀九〇年代初，蘋果公司因經營不善，昔日的王者風範已經消失殆盡，只差一步就要被淘汰出局。此時，若微軟公司再出重拳，肯定會把蘋果公司逼上絕路。然而，就在這時，電腦界忽然傳出一則驚人的消息：微軟公司決定慷慨解囊，向陷入危機的蘋果公司注入資金一億五千美元。

微軟公司此舉，讓蘋果公司深感意外，在競爭如此激烈的商場中，真有雪中送炭的救世主嗎？當然不是。微軟公司的錢可不是白花的，它有自己的打算。

微軟公司深知，蘋果公司儘管目前元氣大傷，窘境連連，可是它潛在的實力卻不可低估。如果蘋果公司與其他大軟體公司合作，它們一旦取得某種突破，勢必會造成一定的市場衝擊，影響到微軟公司的經營業績。而且，由於微軟公司實力大大超過蘋果公司，在合作中它可以左右局勢，掌握一切，蘋果公司只有跟著走的份兒，根本不必擔心受到蘋果公司的牽制。並且通過與蘋果公司聯手，微軟公司可以將自己生產的因特網瀏覽器裝在每一台蘋果電腦的包裝盒裏，這一舉措為微軟的因特網瀏覽器增加了競爭獲勝的籌碼。

在這件事中，我們可以看出博奕論在與對手競爭、合作中表現出的智慧。

9 不會令人後悔的「均衡」

在納什均衡中，你不一定滿意其他人的策略，但你的策略是回饋對手招數的最佳策略。

從「囚徒困境」中我們會發現，作為博奕各方的行動就是針對對方行動而確定的最佳對策，而一旦知道對方在做什麼，就沒人願意改變自己的做法。博奕論學者把這麼一個結果稱為「均衡」。這個概念是由普林斯頓大學數學家約翰．納什提出的，因此被稱為「納什均衡」。

諾貝爾經濟學獎獲得者薩繆爾森有句名言，你可以將一隻鸚鵡訓練成經濟學家，因為它所需要學習的只有兩個詞：供給與需求。博奕論專家坎多瑞引申說：「要成為現代經濟學家，這隻鸚鵡必須再多學一個詞，這個詞就是『納什均衡』。」

一九五〇年，還是一名研究生的納什寫了一篇論文，題為《n人博奕的均衡問題》，該文只有短短一頁紙，可就這短短一頁紙成了博奕論的經典文獻。

納什的貢獻是，他證明了在這一類的競爭中，在很廣泛的條件下是有穩定解存在的，只要是別人的行為確定下來，競爭者就可以有最佳的策略。

那麼，什麼是納什均衡呢？簡單說，就是一策略組合中，所有的參與者面臨這樣的一種情況：給定你的策略，我的策略是我最好的策略；給定我的策略，你的策略也是你最好的策略。即雙方在對方給定的策略下不願意調整自己的策略。

納什均衡從此成為經濟學家用來分析商業競爭到貿易談判種種現象的有力工具。所以納什均衡是對馮．諾依曼和摩根斯坦的合作博奕論的重大發展，甚至可以說是一場革命。

納什均衡首先對亞當．斯密「看不見的手」的原理提出挑戰。按照斯密的理論，在市場經濟中，每一個人都從利己的目的出發，而最終全社會達到利他的效

果。從納什均衡引出一個悖論：從利己的目的出發，結果損人不利己。「囚徒困境」就是如此。從這個意義上說，納什均衡提出的悖論實際上動搖了西方經濟學的基石。

納什的想法成為我們指導「同時行動博奕」的最後一個法則的基礎。這個法則如下：走完尋找優勢策略和剔除劣勢策略的捷徑之後，下一步就是尋找這個博奕的均衡。所謂博奕均衡，它是一穩定的博奕結果。均衡是博奕的一結果，但不是說博奕的結果都能成為均衡。博奕的均衡是穩定的，因而是可以預測的。

在囚徒困境中存在惟一的納什均衡點，即兩個囚犯均選擇「招認」，這是惟一穩定的結果。

有些博奕的納什均衡點不止一個。如下述「夫妻博奕」（或稱性別之戰）中有兩個納什均衡點。

丈夫和妻子商量晚上的活動。丈夫喜歡看拳擊，而妻子喜歡欣賞歌劇。但兩人都希望在一起度過夜晚。在這個「夫妻博奕」中有兩個納什均衡點：要麼一同去看歌劇，要麼一同去看拳擊。在有兩個或兩個以上納什均衡點的博奕中，其最後結果難以預測。在「夫妻博奕」中，我們無法知道，最後結果是一同欣賞歌劇還是一起去看拳擊。

是不是所有的博奕均存在純策略納什均衡點呢？不一定存在純策略納什均衡點，但至少存在一個混合策略均衡點。

這裏所謂純策略是指參與者在他的策略空間中選取惟一確定的策略；所謂混合策略是指參與者採取的不是惟一的策略，而是其策略空間上的機率分佈。

我們下面將在「警察與小偷」的博奕中給出混合策略的說明。

在西部片裏，我們常能看到這樣的故事：某個小鎮上只有一名警察，他要負責整個鎮的治安。現在我們假定，小鎮的一頭有一家酒館，另一頭有一家銀行。再假定該地有一個小偷，要實施偷盜。因為分身乏術，警察一次只能在一個地方巡邏；而小偷也只能去一個地方。假定銀行需要保護的財產價格為二萬元，酒館的財產價格為一萬元。若警察在某地進行巡邏，而小偷也選擇了去該地，就會被警察抓住；若警察沒有巡邏的地方而小偷去了，則小偷偷盜成功。警察怎麼巡邏才能使效果最好？

一個明顯的做法是，警察對銀行進行巡邏，這樣，警察可以保住二萬元的財產不被偷竊。可是如此，假如小偷去了酒館，偷竊一定成功。這種做法是警察的最好做法嗎？有沒有對這種策略改進的措施？

這個博奕沒有純策略納什均衡點，而有混合策略均衡點。這個混合策略均衡點下的策略選擇是每個參與者的最優（混合）策略選擇。

對於這個例子，對於警察的一個最好的做法是，警察抽籤決定去銀行還是酒館。因為銀行的價值是酒館的兩倍，所以用兩個簽代表銀行，比如抽到1、2號簽

去銀行，抽到三號簽去酒館。這樣警察有2／3的機會去銀行進行巡邏，1／3的機會去酒館。

而小偷的最優選擇是：以同樣抽籤的辦法決定去銀行還是去酒館偷盜，只是抽到1、2號簽去酒館，抽到三號簽去銀行，那麼，小偷有1／3的機會去銀行，2／3的機會去酒館。

警察與小偷之間的博奕，如同小孩子之間玩「剪刀石頭布」的遊戲，在這樣一個遊戲中，不存在純策略均衡，對每個小孩來說，自己採取出「剪刀」、「布」還是「石頭」的策略應當是隨機的，不能讓對方知道自己的策略，哪怕是「傾向性」的策略。如果對方知道你選擇其中一個策略的「可能性」大，那麼你在遊戲中輸的可能性就大。因此，每個小孩的最優混合策略是採取每個策略的可能性是1／3。在這樣的博奕中，每個小孩各取三個策略的1／3是納什均衡。

由此可見：純策略是參與者一次性選取的，並且堅持他選取的策略；而混合策略是參與者在各種備選策略中採取隨機方式選取的。在博奕中，參與者可以改變他的策略，而使得他的策略選取滿足一定的機率。當博奕是零和博奕時，即一方所得是另外一方的所失時，此時只有混合策略均衡。對於任何一方來說，此時不可能有純策略的占優策略。

從納什均衡中我們還可以悟出一條真理：合作是有利的「利己策略」，但它必須按照你願意別人對你的方式來對別人，只有他們也按同樣的方式行事才行，也就是中國人所說的「己所不欲，勿施於人」，但前提是「人所不欲，勿施於我」。其次，「納什均衡」是一種非合作博奕均衡，在現實中非合作的情況要比合作情況更普遍。

當你身處類似「囚徒困境」這樣同時行動的博奕中時，你的最佳策略是什麼？決定勝負的因素又是什麼？雙方的策略選擇往往是有跡可循的，並形成某種「定數」——即納什均衡。納什均衡的威力來自於它的穩定。不管其他人怎麼做，每個人都很滿意自己的做法，所以沒有人想要改變自己的策略。

「納什均衡」是指一個不會令人後悔的結果，不管其他人怎麼做，各方對於自己的策略都很滿意。在納什均衡中，你不一定滿意其他人的策略，但你的策略是回饋對手招數的最佳策略，納什均衡中的各方絕對不會合作，而且總是認定自己改變不了對手的做法。

10 「鮮花」為何插在「牛糞」上

由於大家都預期追求絕色美女一定是極高的門檻，最後造成大家都退縮不前。大家只觀察到了絕色美女的美貌，只發現了自己的不足之處，而根本不知道其他任何資訊。

在納什的傳記影片《美麗心靈》裏有一幕是，有四位美女和一位真正的絕色美

女走進了酒吧。於是納什便跟三個男同學解釋說，他們該怎麼去追這些女生。在正常情況下，四個男生會同時對這個絕色美女展開攻勢，但納什認為，採取這種策略並不聰明，因為假如所有的男生都去追同一個女生，他們就會互相牽制，到頭來「沒有一個人」能如願以償。

假如四個男生被絕色美女拒絕後才去找那些普通姿色的女生，那麼這些女生就會因為自己成為別人的第二選擇而發火，於是她們也會把這些男生一腳踢開。為了避免兩頭落空，納什給出的策略是：讓這些男生一起冷落絕色美女，轉而去追求那些普通姿色的女生。

情況很明顯，假如其他三個男生已經對她展開攻勢，而且你也知道自己去追一定追不上，那麼去追其中一個普通姿色的女生對你會比較有利。假如這四個男生同時對這個絕色美女展開攻勢，他們就會後悔自己選擇去追她，但他們要是採取不同的策略，各自去追求一位普通姿色的女生，結局就會不一樣。

在現實生活中，絕色美女被冷落並非特例，她們的條件比別人好，卻沒人追求；其他人的長相遠不如她，卻可以找到幸福的伴侶。這種現象，我們估且稱做「絕色美女的困惑」。使絕色美女產生困惑的真正原因是：那些想追求她的人相互之間都不能互通資訊，也不瞭解絕色美女的尷尬處境和真實想法。

絕色美女的男同學們會想：這麼漂亮的絕色美女，怎麼輪得到我來追？肯定有比我有錢的那些闊佬去追求她。於是轉而追求其他女孩去了。而遇到美女的闊佬們轉念一想：這麼漂亮的絕色美女，怎麼輪得到我來追？肯定有比我年輕的那些才俊去追求她。而年輕的才俊遇到美女時會想：這麼漂亮的絕色美女，還能沒有人來追？恐怕早被她的同學追到手了。

結果是每個想追求她的男人都根據自己的預期來決定是否要去追求絕色美女。由於大家都預期追求絕色美女一定是極高的門檻，最後造成大家都退縮不前。在這個困惑中，大家只觀察到了絕色美女的美貌，只發現了自己的不足之處，而根本不知道其他任何資訊。最後每個人都相信追求絕色美女的代價將是很高的，因而大家都不採取行動。

但是如果每個人都冷落這位絕色美女，他們事後就會對冷落她的策略感到後悔。當然，假如有很多人都對酒吧裏最漂亮的女人展開攻勢，你不追求她可能還有點道理。但要是別人都對這位絕色美女視而不見，那麼，你顯然應該去追她。這裏會出現生活中的另一種現象：「一朵鮮花插在牛糞上。」我們經常看到很多漂亮的女孩嫁給了「牛糞」，於是，很多人總是不理解，其實這正是「絕色美女困惑」的一種破解。

我們假設現在「鮮花」有兩個追求者：一個是帥哥，一個是「牛糞」。既然是「帥哥」自然也少不了幾個不錯的女孩子在追求他；而「牛糞」則無人追；假定「鮮花」也是從心裏有點喜歡「帥哥」的，但他選擇伴侶的標準卻是：看誰更愛她，看誰追

她更有耐心，找一個愛她的人做老公。因為每一個人都是理性的，而且每個人都是選擇對自己最有利的方案的。

因為「牛糞」自己本身沒有人追，所以就他沒有後顧之憂，他反倒可以一心一意地放開手腳去追那朵「鮮花」了，如果追得到，則其收益就會是無窮大。如果沒有追到，損失也不大，反正也沒有人追求他。而「帥哥」就不行，如果追求成功那還好說，如果不成則「陪了夫人又折兵」，不但連「鮮花」追不上，恐怕也會錯失自己的追求者，因此「帥哥」追「鮮花」的風險非常大。

「絕色美女的困惑」這一現象也不乏出現在其他的領域。最顯著的例子，便是某市運用私車牌照拍賣方式，控制城市道路擁堵。由於該市的私車牌照拍賣組織得很嚴密，每人只能投標一次，且相互不知道其他人的報價，投標人惟一知道的資訊就是私車牌照上個月的價格。於是，一輪「絕色美女的困惑」開始了：張三認為，私車牌照這麼貴，我出一萬元怎麼搞得定，李四這個闊佬一定會出二萬，張三就出價二萬五千。李四也在琢磨著，私車牌照這麼貴，有人一定會出價二萬五千，沒辦法，只好出價三萬和他們拼了。私車牌照價格就會越來越高。因為大家都不通資訊，把私車牌照當成了高價的絕色美女，不得已，只好報出一個「預期別人不敢接受的價格」去喝退其他人。

在私車牌照的拍賣中，由於投標人之間沒有資訊溝通，所以每個人都預期私車牌照會很貴，因而不得不報出更具「威懾力」的價格，最終造成了每個人都不得不支付更高的代價。所以，這種拍賣機制並不一定就是一個公平的機制。我們應該可以找到更合理的拍賣方式控制城市道路擁堵，而無須把「絕色美女的困惑」強加給每一個人。

11 價格戰的困境與均衡

在「囚徒困境」中我們看出博奕雙方在決策時都以自己的最大利益為目標，結果是無法實現最大利益或較大利益，甚至導致對各方都最不利的結局。

企業競爭的目的當然是增加自己的利潤。可能有些讀者會想，要增加利潤，只要提高商品的價格，東西賣得貴了，賺錢不就多了嗎？的確，如果一家企業壟斷了整個市場，提高價格當然會增加你的利潤。如果存在兩家相互競爭的企業，消費者可以在兩家之間選擇。

如果你提價，對方沒有提價，你的東西貴了，消費者就不買你的東西而買你的對手的東西。這樣，你的市場份額下降很多，利潤也就急劇下降。而對手的價格沒有提高，生意比原來好得多，利潤就大幅度上升。但是，如果兩家企業都採取比較高的價格，消費者沒有別的選擇，再貴也只好買，兩家企業的利潤都會上升。

假定兩家企業都採取比較低的價格，可以各得利潤二十億美元；都採取比較高的價格，各得利潤四十億美元；而如果一家採取較高的價格而另一家採取較低的價格，那麼價格高的企業利潤為十億美元，價格低的企業因為產品多銷，利潤將上升到六十億美元。

從這裡我們可以看出兩個問題：

(1)是競爭降價的結果可能導致一個零利潤結局；

(2)是如果不採取價格戰。

作為一種敵對博奕其結果會如何呢？每一個企業，都會考慮採取正常價格策略，或採取高價格策略形成壟斷價格，並盡力獲取壟斷利潤。如果壟斷可以形成，則博奕雙方的共同利潤最大。這種情況就是壟斷經營所做的，通常會提高價格。

另一個極端的情況是廠商用正常的價格，雙方都可以獲得利潤。從這一點，我們又引出一條基本準則：把你自己的戰略建立在假定對手會按其最佳利益行動的基礎上。

事實上，完全競爭的均衡就是「納什均衡」或「非合作博奕均衡」。在這種狀態下，每一個廠商或消費者都是按照所有別人已定的價格來進行決策的。在這種均衡中，每一企業要使利潤最大化，消費者要使效用最大化，結果導致了零利潤，也就是說價格等於邊際成本。

在完全競爭的情況下，非合作行為導致了社會所期望的經濟效率狀態。如果廠商採取合作行動並決定轉向壟斷價格，那麼社會的經濟效率就會遭到破壞。這就是為什麼WTO和各國政府要加強反壟斷的意義所在。

在經濟學中有「沈沒成本」的概念，即當一項業已發生的成本，無論如何努力也無法收回的時候，這種成本就構成了沈沒成本。舉個例子來說，你花了十塊錢買了一張今晚的電影票，準備晚上去電影院看電影，不想臨出門時天空突然下起了大雨。這時你該怎麼辦？如果執意要去看這場電影，不僅要來回打車，增加額外的支出，而且還可能面臨著被大雨淋透、發燒感冒的風險，這樣還要發生吃藥打針的成本費用。在這時，也許最明智的選擇就是不再去看這場電影。

沈沒成本高的行業尤其禁不起價格戰的摧殘，因為公司在制定價格時，一般都不會計入沈沒成本。面對這種無法收回的沈沒成本，明智的投資者會視其為沒有發生。

在前面的例子中，當沈沒成本很高時，競爭便很容易把價格壓低到使每個人都虧本的地步。

民航總局的「禁折令」在執行中不斷碰壁，後來乾脆廢止。其實，如果當初決策者們懂得一點博奕論就不會犯此錯誤。航空業是高沈沒成本的受害者，因為買飛機要花很多錢。當你買了飛機並決定使用後，多加幾位乘客便花不了什麼錢。假設

航空公司有一班飛機固定從台北飛往香港，在客滿的情況下，你要向每位乘客收一萬元才能打平成本。不過，要是飛機只坐了半滿，但你可以單價八千元把剩下的位子賣掉，此時會出現什麼情況？

你應不應該把多出來的位子填滿？應該。既然這架飛機要執勤，每個位子賣八千元總比留下空位來得好。當然，由於業界的每個人都有同樣的想法，所以市場價格很容易被壓到八千元以下。

航空公司可能知道破壞性的競爭是怎麼回事，但要是這些公司正式達成限制競爭的協定，它們就會違反公平交易法。當然，這些企業可以決定不降價，以期待其他的企業跟進。不過，這顯然是被動而不切合實際的。

12 怎樣選擇優勢策略？

假如你有一個優勢策略，你可以選擇採用，並且知道你的對手若是有一個優勢策略他也會照辦；同樣，假如你有一個劣勢策略，你應該避免採用，並且知道你的對手若是有一個劣勢策略他也會規避。

在美國電影《法櫃奇兵》中，為了找尋傳說中耶穌曾使用過的聖杯的下落，主角印第安那．瓊斯、他的父親亨利．瓊斯和納粹頭子來到藏聖杯的山洞。這個納粹頭子利用壞人打傷了瓊斯的父親，以此要挾瓊斯分其找到的聖水。惟有飲用聖水才能解救，於是如何在洞中既有的諸多杯子中覓得真貨，具有關鍵性意義，一旦錯拿酒杯斟泉，飲用後反而會立即致命。

電影的劇情如下處理：那個貪婪納粹分子選擇了一隻金碧輝煌的杯子，迫不及待地自行飲用，登時斃命。印第安那見狀陷入沈思，改選一隻杯後，經自己率先飲用無恙後，證實真聖杯已到手，才救活父親。

但如果從博奕論的角度來考慮，他沒有意識到自己這麼做的錯誤。他應是先讓父親飲用，而非自己搶著品嘗。一旦拿到的不是聖杯，代價頂多是父親犧牲了，印第安那仍可保命；若他先喝後發覺所持並非聖杯，印第安那因誤飲而死，其父也傷重而亡，豈不是全都賠上。換言之，在不知道所擁有的聖杯是真是假時，先給父親飲用，至少會比印第安那先試過，再把這救命仙漿給父親喝要來得有保障。

當然我們這裏所作的探討中只是基於「自私理性人」的前提，而男主角的孝心與勇氣還是值得嘉許的。印第安那沒有選擇的策略，其實就是「聖水博奕」的優勢策略。

什麼是優勢策略？優勢策略是指不管你的對手怎麼做，這項策略帶給你的好處都比其他所有的策略來得大。

讓我們來看看美國的兩大雜誌《時代》和《新聞周刊》為爭奪市場的決策優勢

策略的過程。

每個星期，《時代》和《新聞周刊》都會暗自較勁，要做出最引人注目的封面故事。一個富有戲劇性或者饒有趣味的封面，可以吸引站在報攤前的潛在買主的目光。因此，每個星期，兩家雜誌的編輯們一定會舉行閉門會議，選擇下一個封面的故事。而他們彼此也都知道對方正在做同樣的事情，這兩家新聞雜誌便投入了一場策略的博奕。

由於《時代》與《新聞周刊》的行動是同時進行的，雙方不得不在毫不知曉對手決定的情況下採取行動。等到彼此發現對方做了什麼，再想做什麼改變就太遲了。當然，這個星期的輸家下個星期很可能竭力反撲，不過，等到那時，說不定已經出現了一個完全不同的新的故事模式，開始了一場完全不同的博奕。

要注意這種同時進行的博奕與一先一後相繼行動的博奕（例如下棋）所要用到的策略思維和行動是完全不同的。在一人一步的相繼行動博奕中，每個參與者都必須向前展望，估計對手的意圖，從而倒後推理，決定自己這一輪應該怎麼走。這是一條線性的推理鏈：「假如我這麼做，他就會那麼做——若是那樣，我會這麼反擊」，照此類推。也就是說，你怎麼走，完全取決於對手的上一步行動。

而在同時行動的博奕裏，沒有一個參與者可以在自己行動之前得知另一個參與者的整個計劃。在這種情況下，互動推理不是通過觀察對方的策略進行，而是必須通過「看穿」對手的策略才能展開。要想做到這一點，單單假設自己處於對手的位置會怎麼做還不夠。即便你那樣做了，你只會發現，你的對手也在做同樣的事情，即他也在假設自己處於你的位置會怎麼做。

因此，在這種同時的博奕中，每一個人都不得不同時擔任兩個角色，一個是自己，一個是對手，從而找出雙方的最佳行動方式。

你怎樣才能看穿所有那些錯綜複雜而又看不見的策略呢？

首先，你不要把其他參與者的未知行動視做像天氣那樣，具有與個人無關的不確定性。上班前，你可能收聽天氣預報，並利用這個資訊去決定要不要帶一把雨傘去上班。然而，你帶不帶傘，絲毫不能影響天下不下雨。

但為封面而作決定完全是另外一回事。兩家雜誌可以說是非常瞭解，他們是博奕參與者，即便一個編輯不可能真的觀察到另一個雜誌的決定，他也可以通過另一個雜誌的視角思考這個問題，嘗試確定對方現在一定在做什麼。

假定本周有兩個大新聞：一是國會就預算問題吵得不可開交；二是發佈了一種據說對愛滋病有特效的新藥。編輯們選擇封面故事的時候，首要考慮的是哪一條新聞更能吸引報攤前的買主。

在報攤前的買主當中，假設30％的人對預算問題感興趣，70％的人對愛滋病新藥感興趣。這些人只會在自己感興趣的新聞變成封面故事的時候掏錢買雜誌。假如

兩本雜誌用了同一條新聞做封面故事，那麼感興趣的買主就會平分兩組，一組買《時代》，另一組買《新聞周刊》。

現在，《時代》的編輯可以進行如下推理：

假如《新聞周刊》採用愛滋病新藥做封面故事，那麼，假如《時代》採用「國會預算問題」，就會得到全部對國會問題感興趣的讀者，即30%；假如《時代》採用「愛滋病新藥」，那麼兩家就會平分這部分讀者，即35%。

由此可見，「愛滋病新藥」為《時代》帶來的收入就會超過「國會預算」問題。

假如《新聞周刊》採用「國會預算」問題，那麼，假如《時代》採用同樣的故事，會得到一半的讀者，即15%；假如《時代》採用「愛滋病新藥」，就會得到全部關注愛滋病的讀者，即70%。

這一次，第二方案同樣會為《時代》帶來更大的收入。

因此，《時代》雜誌就會有一個優勢策略，就是採用愛滋病新藥做封面。無論我的對手選擇採用上述兩個新聞當中的哪一個，這一策略都會比其他策略更勝一籌。

同樣《新聞周刊》也會有同樣的思考。在這個博奕裏，雙方都會有一個優勢策略。

以策略觀點來看，各方均有一個優勢策略的博奕是最簡單的一種博奕。雖然其中存在策略互動，卻有一個可以預見的結局：全體參與者都會選擇自己的優勢策略，完全不必理會其他人會怎麼做。但這一點並不會降低參與或者思考這種博奕的趣味性。

在「囚徒困境」中，兩個參與者都有一個優勢策略，只不過最終他們將走向了一起倒楣的結局。這就提出了一個很有意思的問題：參與者怎樣合作才能取得一個更好的結果？

有時候，某個參與者有一優勢策略，其他參與者則沒有。我們只要略微修改一下《時代》與《新聞周刊》的封面故事大戰的例子，就可以描述這種情形。

假設全體讀者略偏向于選擇《時代》。假如兩個雜誌選擇同樣的新聞做封面故事，喜歡這個新聞的潛在買主當中有60％的人選擇《時代》，40％的人選擇《新聞周刊》。

對於《時代》，「愛滋病新藥」仍然是優勢策略，但對於《新聞周刊》就不再是了，因為《時代》的優勢策略是選擇「愛滋病新藥」這個主題，如果它也做同樣選擇，那麼只能得到28％的讀者，小於選擇預算問題的30％。

換言之，《新聞周刊》的最佳選擇不再與《時代》的策略無關。假如《時代》選擇「愛滋病新藥」，《新聞周刊》選擇「國會預算問題」就能得到更好的銷量，對於《新聞周刊》，「國會預算問題」市場總比「愛滋病新藥」市場要大。

《新聞周刊》的編輯們不會知道《時代》的編輯們將會選擇什麼，不過他們可以分析出來。因為《時代》有一個優勢策略，那一定就是他們的選擇。因此，《新聞周刊》的編輯們可以很有把握地假定《時代》已經選了愛滋病新藥，並據此選擇自己的最佳策略，即「國會預算問題」。

由此可見，只有一方擁有優勢策略的博奕其實也非常簡單。擁有優勢策略的一方將採用其優勢策略，另一方則針對這個策略採用自己的最佳策略。

人們很容易就會弄錯的一個問題，是不知道優勢策略的優勢究竟是對什麼而言的。「優勢策略」的優勢是指你的這個策略對你的其他策略佔有優勢，而不是對你的對手的策略佔有優勢，無論對手採用什麼策略。

某個參與者如果採用優勢策略，就能使自己獲得比採用任何其他策略更好的結果。前一節的《時代》和《新聞周刊》博奕過程中都有一個優勢策略，但雙方都不可能得到比對方更高的銷量。

另一個常見的誤解在於，一個優勢策略必須滿足一個條件，即採用優勢策略得到的最壞結果也要比採用另外一個策略得到的最佳結果略勝一籌。在前面講到的例子裏，所有優勢策略湊巧都滿足這個條件。按照最初設定的條件，《時代》假如採用「愛滋病新藥」做封面故事，最壞的結果是得到35％的市場份額；他們若採用「國會預算問題」做封面故事，可能得到的最佳結果是30％的市場份額。但這並非優勢策略的一個普遍特徵。

現在再讓我們假設一下《時代》和《新聞周刊》之間爆發了一場價格戰。假設每本雜誌的製作成本是一美元，且售價只有兩個價位可以選擇，分別是三美元（意味著每本利潤二美元）和二美元（意味著每本利潤為一美元）。

假設顧客永遠傾向于選擇價格較低的雜誌，且在雜誌價格相同的時候兩種雜誌各得一半讀者。雜誌定價三美元的時候，讀者總數是五百萬；雜誌價格降到二美元，讀者總數將升到八百萬。這時，你可以輕易算出《時代》在四種可能出現的價格組合裏將會獲得多少利潤，即如果你們都是三美元，利潤都是五百萬；一方降價至二美元，獨得八百萬，另一方分文不得；如果雙方都降，每一方利潤都是四百萬。

有點像「囚徒困境」是不是？的確，在「囚徒困境」中，雙方的優勢策略都是招供，在這裏都是降價。

《時代》的優勢策略是定價二美元（《新聞周刊》亦如此）。《時代》採用這個優勢策略可能得到的最壞結果是贏利四百萬美元。但是，採用另外一個策略可能得到的最佳結果將超過這一數位，達到五百萬美元。問題是比較這兩個數位毫無意義。五百萬美元的數位是在兩本雜誌同時定價三美元的時候出現的；不過，假如這時《時代》把價格降到二美元，利潤還會更高，達到八百萬美元。

我們可以把這些例子歸納為一個指導同時行動的博奕的法則。即：假如你有一

個優勢策略，請照辦。不要擔心你的對手會怎麼做。假如你沒有一個優勢策略，但你的對手有，那麼就當他會採用這個優勢策略，相應地選擇你自己最好的做法。

我們已經確立了同時行動的博奕的優勢策略的概念。若是換了相繼行動的博奕，採用優勢策略的時候就要格外留神。因為策略互動的本質已經改變，優勢策略的概念也會完全不同。假設我們說你有一個優勢策略，無論你的對手選擇怎麼做，你按照這個策略做都比採用其他策略更好。

若是相繼行動，而你的對手先行，你就應該一直選擇自己的優勢策略。正如我們已經說過的那樣，這是你對你的對手每一個行動的最佳對策，因此也是對現在他選擇的這個特定行動的最佳對策。但是，假如你先行，你就不會知道你的對手將會採取什麼行動。他會觀察你的選擇，同時作出自己的決定，因此你有機會影響他的行動。某些情況下，若是採用優勢策略以外的策略，你可能更有效地施加這種影響。

不是所有博奕都有優勢策略，哪怕這個博奕只有一個參與者。實際上，優勢與其說是一種規律，不如說是一種例外。雖然出現一個優勢策略可以大大簡化行動的規則，但這些規則卻並不適用於大多數現實生活中的博奕。這時候我們必須用到其他原理。

一個優勢策略優於其他任何策略，同樣，一個劣勢策略則劣於其他任何策略。

假如你有一個優勢策略，你可以選擇採用，並且知道你的對手若是有一個優勢策略他也會照辦；同樣，假如你有一個劣勢策略，你應該避免採用，並且知道你的對手若是有一個劣勢策略他也會規避。

假如你只有兩個策略可以選擇，其中一個是劣勢，那麼另一個一定是優勢策略。因此，與選擇優勢策略做法完全不同的規避劣勢策略做法，必須建立在一方擁有至少三個策略的博奕的基礎之上。

在你沒有優勢策略的情況下，你要做的就是剔除所有劣勢策略，不予考慮。如此一步一步做下去。

假如在這麼做的過程當中，在較小的博奕裏出現了優勢策略，應該一步一步挑選出來。假如這個過程以一個獨一無二的結果告終，那就意味著你找到了參與者的行動指南以及這個博奕的結果。即便這個過程不會以一個獨一無二的結果告終，也會縮小整個博奕的規模，降低博奕的複雜程度。

利用優勢策略方法與劣勢策略方法進行簡化之後，整個博奕的複雜度已經降到最低限度，不能繼續簡化，而我們也不得不面對迴圈推理的問題。你的最佳策略要以對手的最佳策略為基礎，反過來從你的對手的角度分析也是一樣。

13 「重複囚徒困境」的遊戲

其目的就是要研究在無限次數的「對局遊戲」中人為什麼要合作，人什麼時候是合作的、什麼時候又是不合作的，如何使別人與你合作。

一位美國科學院院士、著名的行為分析和國際關係專家羅伯特．艾克斯羅德弄了一場關於「重複囚徒困境」的遊戲。

艾克斯羅德的遊戲思路非常簡單：任何想參加這個電腦競賽的人都扮演「囚徒困境」案例中一個囚犯的角色。他們把自己的策略編入電腦程式，然後他們的程式會被成雙成對地融入不同的組合。分好組以後，參與者就開始玩「囚徒困境」的遊戲。在遊戲中，有兩個對策者，他們可以有兩個選擇：合作或背叛，每個人都必須在不知道對方選擇的情況下，作出自己的選擇。

艾克斯羅德邀請了來自經濟界、心理學、社會學、政治學和數學領域的十四位專家參與這一遊戲。每個參加者每一步都要寫出個體選擇合作或不合作的程式，這個程式在作選擇時可以利用對局的歷史情況來分析，從而決定自己的策略。遊戲雙方的選擇，放在一起就產生了四種可能的結果，即：

(1)合作，合作；
(2)合作，背叛；
(3)背叛，合作；

(4)背叛，背叛。

在這個遊戲中，如果雙方選擇合作，雙方都能得到較好的結果，即「對雙方合作的獎勵」為三分。如果一方合作而另一方背叛，那麼，背叛者因為討了對方的便宜，所以得到「對背叛的投機」五分。而合作者因為被對方占了便宜，只能得〇分。如果雙方都背叛，那麼雙方既沒有占到便宜又似乎沒有失去什麼，所以都得到一分。

我們設想甲、乙兩個程式在一起博奕，就出現這樣的結果。

甲：合作（三） 乙：合作（三）

甲：合作（〇） 乙：背叛（五）

甲：背叛（五） 乙：合作（〇）

甲：背叛（一） 乙：背叛（一）

就這種情形看來，對雙方來說最好的結果是選合作，總體得六分。如果一方選合作，一方選不合作，總體得五分。如果兩人都選不合作，總體得二分。

競賽是迴圈進行的，即每一個參賽程式都與其他程式相遇。按照事先宣佈的競賽規則，每一個參賽程式還要與自己對局，以及和一個「隨機程式」相遇。所謂「隨機程式」是指以相等的機率（50％）隨機地選擇「合作」或「背叛」。

艾克斯羅德要求每個參賽者把追求得分最多的策略寫成電腦程式，然後用單循環賽的方式將參賽程式兩兩對局，以找出什麼樣的策略得分最高。

十四個程式再加上一個「隨機程式」彼此開始了第一輪遊戲。

讓我們來分析一下這個「重複困境遊戲」。雖然對個體而言，最大的利益是得五分，但如果對局在多人間進行，而且次數未知，對策者就會意識到，當持續地採取合作並達成默契時，對策者就能持續地得三分，這是一個相對理想的結果；但如果持續地不合作的話，每個人就永遠得一分。因此，就整個參賽程式而言，不可能得到高分。這樣，合作就成為了這個遊戲的優勢策略。

在這個遊戲中，參賽者提出了各種程式，根據程式的本意大致可分為「善良的」、「邪惡的」和「隨意的」三類。所謂「善良」策略即是「以合作為主」的策略；而「邪惡」策略則是「以佔便宜為主」的策略。

最後勝出的是一個稱為「一報還一報」策略，它是所有提交程式中最簡單，結果卻是最好的。「一報還一報」這個程式的特點是，第一次對局採用合作的策略，以後每一步都跟隨對方上一步的策略，你上一次合作，我這一次就合作，你上一次不合作，我這一次就不合作。

假設某人的策略是：第一次合作，以後只要對方不合作一次，他就永不合作。對這種對策者，當然合作下去是上策。假如有的人不管對方採取什麼策略，他總是合作，那麼總是對他採取不合作的策略得分最多。對於總是不合作的人，也只能採取不合作的策略。

為什麼「一報還一報」這樣一個簡單的策略會打敗其他學者絞盡腦汁寫出來的複雜程式呢？

讓我們再來反思一下「一報還一報」穩定成功的原因。簡單地說，這個「以其人之道還治其人之身」的策略有著下面四個特點：

(1)清晰性：以牙還牙，以眼還眼。以合作還合作，以背叛還背叛，使它容易被對方理解，從而引出長期的合作關係。

(2)善良性：這種策略一開始便以善意和對方合作，也絕不會先背叛對方，這可防止它陷入不必要的麻煩。

(3)報復性：如果對方背叛，下一次一定如法炮製，自動施以報復，決不原諒。報復性使對方試著背叛一次後就不敢再背叛；

(4)寬容性：如果對方又主動恢復合作，要立刻與對方握手言歡，既往不咎，有助於重新恢復合作。

「一報還一報」策略是有關「囚徒困境」的最著名的也是被討論最多的策略。它非常容易理解也非常容易被編成程式，更因為這個策略能引發人們的合作關係而著名。

「一報還一報」的成功可以說明它是一個很具適應性的規則：即它在很大範圍

內表現極佳。

有趣的是，「一報還一報」這個策略與單獨某個策略相遇時，沒有一次是贏了對方的，頂多是和對方打成平手。「一報還一報」策略從來沒有一次在競賽中比對方得更多的分！它總是讓對方先背叛，而它自己背叛的次數也絕不比對方多。它的得分往往比對方少，至多與對方相等。但是，在與多樣化的對手分別比賽之後，最後加起來的，它的總分仍然有可能是最高的。今天如果比賽的規則改變了，在單獨比賽贏的人將得到所有的分數，輸的為零分。那麼「一報還一報」可能就沒機會坐上冠軍的寶座了。

「一報還一報」的成功部分是由於其他規則預料到它的存在並且被設計得與它很好相處。要和「一報還一報」很好相處就要求和它合作，這反過來就幫助了「一報還一報」規則。即使是那些想伺機佔便宜而不被懲罰的規則，也很快向「一報還一報」規則道歉。

任何想占「一報還一報」便宜的規則最終將傷害自己。「一報還一報」從自己的不可欺負性中得到好處，這是因為遇到「一報還一報」的可能性是很大的。一旦相遇，「一報還一報」很容易被識別出來。一旦被識別出來，「一報還一報」的不可欺負性就顯示出來。因此，「一報還一報」從它自己的清晰性中得到好處。

「一報還一報」放棄了占他人便宜的可能性。儘管這種機會有時是很有利可圖的，但是在廣泛的環境中，試圖佔便宜而引來的問題也多種多樣。

在與「一報還一報」策略的接觸中，如果一個規則用背叛試探是否可以佔便宜，它就得冒被那些可激怒的規則報復的風險。如果雙方的反擊一旦開始，就很難使自己解脫。

最後，試圖識別那些「隨機」規則或者那些過分不合作的規則，並放棄與它們合作的努力，經常錯誤地導致放棄與其他一些規則的合作，而這些規則是可以被有耐心的規則，比如「一報還一報」這種規則挽救的。

當然，我們知道就有限的次數與對局者而言，「一報還一報」並不是最優策略，但卻是整體得分最多的策略，它的成功在於它良好的適應性。

由於一個特定策略的有效性不僅取決於它自己的特性，而且取決於它要相遇的其他策略的特性。因此，單一競賽的結果是不能最後說明問題的。

當第一輪的比賽結束後，艾克斯羅德把第一次的結果公開發表，並決定邀請更多的人再做一次遊戲。第二次徵集到了六十二個程式，加上他自己的隨機程式，又進行了一次競賽。第二輪比賽比第一輪有了一個更高的起點，因為每個人（程式）都已經從第一次比賽中成功的策略中獲取經驗，因此人們更期望它的結果對於指導下一輪的成功更有幫助。

令人意外的是第二輪勝出的仍然是「一報還一報」。但與第一輪不同的是，這

一輪比賽由於絕大部分人都知道「一報還一報」的勝出事實，最有趣而令人驚奇的是，許多人在「一報還一報」原則的基礎上試圖改進與優化它，不過，令人驚奇的是這些提交的複雜程式沒有一個能夠表現得像原本的「一報還一報」那樣好。既能佔便宜又不會付出太大的代價是第二輪競賽中任何一個參賽程式都想實現而沒能夠實現的。「一報還一報」顯然是經濟、實用而且非常成功的策略。

第二輪競賽不僅驗證了第一輪比賽分析中得出的結論和發現，還使參賽者從第一輪競賽的經驗中吸取了自己的教訓，但不同的人得到的教訓不同。

14 騙子、傻瓜與精明人

「傻子」在這個世界一定是無法生存的，因為「傻子」代表「利他」，而「利他」必須「損己」。而「騙子」在「傻子」消失之後由於沒有了其生存的依託也將自然地走向消失。最後這個世界的生物種群就構成了一個由「精明人」所組成的「食物鏈」。

假設乙有一件事要甲幫他來做，不久以後，甲也有事去找乙，希望乙能幫忙，作為報答。結果乙嗤之以鼻，掉頭就走。乙是個騙子。這種騙子接受了別人的恩惠，但不感恩圖報，或者即使有所報答，但做得也很不夠。和不分青紅皂白的「利他」

行為者相比，騙子的收穫要大，因為他不花任何代價。當然，別人幫忙是件大好事，而幫助別人卻要付出一些代價，還要花費一些寶貴的精力和時間。

假設人們在生活中只採取兩種策略中的一種。我們暫且把這兩種策略分別稱為傻瓜和騙子。傻瓜只是熱心幫助別人，不問物件只要對方需要。騙子接受傻瓜的「利他」行為，但沒有任何付出，也不報答。一個傻瓜群體中的任何一個傻瓜都可以指望別人幫助他的次數和他幫助別人的次數大約相等。因此，在傻瓜群體中，任何一個傻瓜的平均得分是正數。事實上，這些傻瓜都幹得很出色，現在假設群體中出現了一個騙子。

由於他是惟一的騙子，他可以指望別人都為他效勞，而他從不報答別人給他的好處。他所獲得的好處比任何一個傻瓜都高。

騙子的策略開始迅速擴散開來，傻瓜策略很快就要被騙子策略擠掉。這是因為騙子總歸勝過傻瓜，不管它們在群體中的比例如何。譬如說，群體裏傻瓜和騙子各占一半，在這樣的群體裏，傻瓜和騙子的平均得分都低於全部由傻瓜組成的群體裏任何一個個體。不過，騙子的境遇還是比傻瓜好些，因為騙子只管撈好處而從不付出任何代價，所不同的只是這些好處有時多些，有時少些而已。當群體中騙子所占的比例達到90％時，所有個體得到的好處都會變得很低：不管騙子也好，傻瓜也好。

即使是這樣，騙子還是比傻瓜合算。哪怕整個群體瀕於滅絕，傻瓜的情況永遠不會比騙子好。因此，如果我們考慮的只限於這兩種策略，沒有什麼東西能夠阻止傻瓜的滅絕，而傻瓜滅絕後，騙子賴以生存的環境沒有了，那麼騙子也會滅絕掉，整個群體也就難逃覆滅的厄運。

現在，精明人進入了我們的遊戲。精明人願意幫助沒有打過交道的個體，而且更不忘記報答。可是哪個騙子騙了他，他就要牢記在心，以後不肯再為這個騙子服務。在由精明人和傻瓜組成的群體中，前者和後者混在一起，難以分辨。

兩者都為別人做好事，兩者的平均得分都同樣高。在一個騙子占多數的群體中，一個孤單的精明人不能取得多大的成功。他會花掉很大的精力去為他遇到的大多數人服務——由於他願意為從未打過交道的個體服務，他要等到為每一個個體都服務過一次才能罷休。

因為除他以外都是騙子，因此沒有誰願意為他服務，他也不會上第二次當。如果精明人少於騙子，精明人的基因就要滅絕。

可是，精明人一旦能夠使自己的隊伍擴大到一定的比例，他們遇到自己人的機會就越來越大，甚至足以抵消他們為騙子效勞而浪費掉的精力。

在達到這個臨界比例之後，他們的平均得分就比騙子高，從而加速騙子的滅亡。當騙子尚未全部滅絕之前，他們滅亡的速度會緩慢下來，在一個相當長的時期內成為少數派。因為對已經為數很少的騙子來說，他們再度碰上同一個精明人的機會很小。

斤斤計較的策略被證明是一種進化上穩定的策略，精明人優越於騙子或傻瓜，因為在精明人占多數的群體中，騙子或傻瓜都難以逞強。

在上面這個情形中，我們不難看出「精明人」所採用的策略就是「一報還一報」，這個故事所演示的正是「一報還一報」的適應性。如果我們把這個演示編寫成一個遊戲程式進行類比，就會很有意思。

類比開始時傻瓜占大多數，精明人占少數，但正好在臨界頻率之上；騙子也屬少數，與精明人的比例相仿。騙子對傻瓜進行的無情剝削首先在傻瓜群體中引發了劇烈的震蕩。騙子激增，隨著最後一個傻瓜的死去而達到高峰。

但騙子還要應付精明人。在傻瓜急劇減少時，精明人在日益取得優勢的騙子的打擊下也緩慢地減少，但仍能勉強地維持下去。在最後一個傻瓜死去之後。騙子不再能夠跟以前一樣那麼隨心所欲地進行自私的剝削。

精明人在抗拒騙子剝削的情況下開始緩慢地增加，並逐漸取得穩步上升的勢頭。接著精明人突然激增，騙子從此處於劣勢並逐漸接近滅絕的邊緣。由於處於少數派的有利地位同時因而受到精明人懷恨的機會相對減少，騙子這時得以苟延殘喘。

不過，騙子的覆滅是不可挽回的。他們最終慢慢地被淘汰，留下精明人獨佔整

個群體。說起來似乎有點自相矛盾，在最初階段傻瓜的存在實際上威脅到精明人的生存，因為傻瓜的存在帶來了騙子的短暫繁榮。

「傻子」在這個世界一定是無法生存的，因為「傻子」代表「利他」，而「利他」必須「損己」。在一個資源稀缺的世界，任何「利他」行為都是以「損己」為代價的，可以說「利他」的機會成本就是「損己」，而「損己」的極致便是讓出你的生存空間給別人。所以，最後的結局，一定是「利他」的「傻子」逐漸地消失。

而「騙子」在「傻子」消失之後由於沒有了其生存的依託也將自然地走向消失。最後這個世界的生物種群就構成了一個由「精明人」所組成的「食物鏈」——現實存在的世界。當然，「傻子」和「騙子」並非完全消失，即便「精明人」有時也會偶爾地充當一回「傻子」和「騙子」，比如說，有人對你說「你應該『利他』」，那麼你一定是碰到了一位「騙子」，他無非是想占你的便宜而已，如果你信了他的話，你也就充當了一回「傻子」。

但由於「精明人」把握的原則是「互惠」，他給出的「無償」機會只有一次，不會有第二次，這就迫使其對手也不得不採取同樣的交易規則，否則交易就會中斷，不再延續。於是，這社會（或市場）就出現了走向公正、有序的轉機。

15 「冤冤相報」何時了？

如果你總是想贏對方，結果可能得不償失。因為對方也會全力反擊，造成「兩敗俱傷」的局面。

在「重複囚徒困境遊戲」中有這樣一種現象，即總是以背叛挑起事端的非善良策略往往會遭到對方報復，而受到報復者再以報復相報，如此冤冤相報，因而得分都很差。一個策略若是太具侵犯性的話，結果會招來自己設下的厄運：率先背叛者往往要付出沈重的代價。

任何一個策略在博奕的過程中，一定要注意可激怒性有它的危險，即如果對方確實只想嘗試一次背叛，報復將導致進一步的報復，衝突將惡化成無止境的雙方背叛，這當然是一個嚴重的問題。

「一報還一報」這個策略的不足之處就在於其太容易挑起報復的行動了。在電腦的世界裏，它的運作似乎很完美，但是在現實的世界中，人的情緒反應、大意錯誤實在是太容易發生了。如果有什麼誤解或錯誤發生，報復行動仍然無法避免。而且，一旦落入這種報復的迴圈之後，雙方就比較難跳出這種惡性循環了。這個時候，即使雙方都沒有繼續對抗下去的意願，可還是只能咬牙堅持，這真是對人類理性的一大嘲弄。

由於「一報還一報」的核心就是對任何行為都要給予及時有效的回報，當遭遇他人侵犯時一定會以牙還牙；當然，這種策略的前提是「不主動侵犯他人」，這大大降低了相互傷害的機會。

在一個規則明確的遊戲裏它也許可以得到完美的遵循，但在現實生活中，各種社會關係、各種欲望和利益衝突的複雜性，使「不主動侵犯他人」這一限定條件變得模糊不清了。也許你認為自己只是在以正當手段謀求個人的利益，或者只是奉命行事，可是有人會認為你已經侵犯到了他的權益，他有權作出報復。而受到報復的你會認為對方是無端挑釁，同樣也作出反擊。由此，就很容易形成雙方相互懲罰對方的「侵犯」、冤冤相報的局面，而可悲的是，這場也許會使雙方毀滅的爭鬥並沒有一個清晰的理由。

這樣的悲劇在人類歷史中可以說層出不窮。過去的家族間世代血仇有的可以持續上百年，雙方的每次衝突都會激發新的仇恨，而兩家最初的仇恨緣由也許根本無人知曉。國家和民族間也有同樣的問題，甚至到了今天仍可以表現出來。如巴以衝突中，為了抗議「以色列的侵略行為」，「哈馬斯」等激進組織利用「人體炸彈」襲擊以色列平民；而為反擊這種「恐怖行為」，以色列出動軍隊「定點清除」，每一次攻擊的報復都給雙方心中增添了一份仇視和不信任，也給問題的和平解決增加了難度。

人們都同意，為了從上述那種寃寃相報的麻煩中解放出來，人們應該「拋棄過去，面向未來」。可是這一原則在現實中應用卻困難重重，因為放棄武力威懾不但意味著情感和利益上的損失，而且在互不信任的境況裏，也很難保證得到對方的善意回應。

人們之所以相互仇視和傷害，僅僅是因為他們無力擺脫「威懾與反威懾」的怪圈。「鷸蚌相爭」就是一個迴圈威懾導致雙輸的結局。問題不在於它們是否愚蠢，而在於它們根本無法走出這一困境。因為任何一方的主動撤退，都可能使自己陷入任人宰割的處境。所以「合乎邏輯」的選擇是，保住自身的王牌，等待對方先讓步。可是雙方都這樣做時，這個困境就永遠無解。

為了解決它易被挑起報復的缺點，學者們建立了一些改良方法。這些改良方法更多一點寬容，要麼容忍對方偶爾的侵犯行為，要麼降低報復強度。

這種改良式的方法強調信任以及寬容，對於對方前幾次的侵犯行為都當做是其無心之失。直到這種行為屢次出現，並且超出預定的次數或比例之後，才採取報復行動。至於如何決定這種脫軌行動的上限，這得看對方過去的記錄，或者比較其他類似團體的失誤比例。當遊戲中考慮到隨機干擾，即對策者由於誤會而開始互相背叛的情形時，即以一定的機率不報復對方的背叛；並實行「悔過的一報還一報」，即以一定的機率主動停止背叛。群體所有成員處理隨機環境的能力越強，「悔過的

一報還一報」效果越好，「寬大的一報還一報」效果越差。

清晰、善意、刺激性和寬容性等基本性質看起來很可能恰好符合任何能將自己解脫出囚徒困境的行為準則的要求。不過，「一報還一報」策略在懲罰一個有過合作歷史的人時顯得過於急躁了一些。我們必須找出一個更能區別對待的策略：這一策略應在背叛只是偶爾為之時顯得寬容一些，而在背叛成為一種慣常行為時又能果斷地實施懲罰。

比如說，某客戶與你們往來頻繁，一向信譽良好，與你們合作愉快。三個月前卻突然有逾期付款的現象。你們雖然注意到這點，倒是並不在意，認為這是偶發事件。可是這三個月以來，該公司類似的現象出現了三次，比例之高顯然已經超過你們其他優良客戶的平均記錄。那麼這可能就是你們該採取行動的時候了。

在管理學中，有一種屬於品質管理方式的流程控制，專門用來檢查生產系統是否發生了需要處理的異常現象。雖然發生異常現象提高產品的合格率，按常規來講應當立刻處理。但是，在二十四小時連續運作的工廠中，將生產線停下來檢查也是一種很巨大的損失。除非確定這真的是異常現象，而不是檢驗或抽樣上的失誤，否則停下生產線來檢修將是一筆不必要的損失。流程管理要根據以往的記錄，預先設定異常現象的上限及下限，如果超過這些控制限度，才准許停機檢修。

「改良式一報還一報」也是基於類似的原則來進行的，在這種新式的「一報還一報」的方法中，我們以更大的寬容來包涵對方的無心之失，同時仍保有制裁對方的力量。這種鼓勵合作，嚇阻叛離並且寬容錯誤的做法，將對這種囚犯兩難困境提供一個有效可行的解答。你可以考慮遵循以下指導原則，作為邁向這一方向的一步。

(1)開始合作。

(2)繼續合作。

(3)計算在你合作的情況下對方看上去背叛了多少次。

(4)假如這個百分比變得令人難以接受，轉向「一報還一報」策略。

注意，與以前不同，此時的「一報還一報」策略不是作為對良好行為的獎賞，相反，卻是對企圖占你便宜的另一方的懲罰。

要想確定令人難以接受的背叛的百分比是多少，你必須瞭解對方行為的短期、中期和長期歷史。僅看長期歷史是不夠的。一個人合作了很長時間並不意味著他不會在聲譽開始下降的時候企圖占你的便宜。你還要知道「最近你都對我做過什麼」。

比如，你可以運用這樣一種程式：從合作開始，如此繼續下去，直到情況符合下面四個檢驗中的一個。

第一印象：第一輪就背叛絕對不可接受。轉向「一報還一報」策略。

短期：任何參輪當中出現二次背叛也是不可接受的。轉向一報還一報策略。

中期：過去二十輪當中出現三次背叛也是不可接受，轉向一報還一報策略。

長期：過去一百輪當中出現五次背叛也是不可接受，轉向一報還一報策略。

用「一報還一報」策略懲罰不必永遠持續下去。記錄對方符合上述四個測試的頻率。出現第一次背叛之後，進行二十輪如回聲一般的以牙還牙的相互報復，然後改為合作。同時將對方置於觀察期，嚴密監視。另將中期和長期測試當中可能允許出現的背叛次數減一。假如對方在觀察期內的背叛次數沒有達到這一數位的50％，就可以將他的背叛記錄清為零，重新開始計算。假如對方在觀察期內犯規，那就採取「一報還一報」策略，永不改變。

對於第一印象以及短期、中期和長期印象，其確切規則取決於錯誤或誤會發生的機率、你對未來獲益和目前損失的重要性的看法，等等。

不過，在並不完美的現實世界裏，這種策略很可能勝過「一報還一報」策略。必須記住的一個重要原則是，假如有可能出現誤會，你不要對你看見的每一次背叛都進行懲罰。你必須猜測一下是不是出現了誤會，不管這個誤會來自你還是你的對手。這種額外的寬容固然可使別人對你稍加作弊，不過，假如他們真的作弊，他們的善意也就不會再有人相信了。

最終誤會出現時，你再也不會聽之任之。所以，如果你的對手有投機傾向，他終將自食其果。

16 增大對未來的預期

對未來的預期，是影響我們行為的重要因素。一種是預期收益：我這樣做，將來有什麼好處；一種是預期風險：這樣做可能面臨的問題。

通常人們認為合作是件好事，畢竟雙方合作在「囚徒困境」中對雙方都有好處。然而，只要這種接觸不是重複的，合作就非常困難，正是持續的接觸，使基於回報的合作的穩定成為可能。如果未來相對於現在是足夠重要的話，雙方的合作是穩定的。因為每個對策者可以用隱含的報復來威脅對方，如果相互之間的接觸能持續足夠長使得這種威脅能夠奏效的話。

這個結論強調了促進合作的一個重要方法就是增大未來的影響。對未來的預期，是影響我們行為的重要因素。一種是預期收益：我這樣做，將來有什麼好處；一種是預期風險：這樣做可能面臨的問題。這些將影響個人的策略，如學生讀書，為了將來考上好學校取得文憑，獲得更高的地位和收入。如果文憑一錢不值，就會影響學生的學習熱情。

地攤、車站、旅遊點，這些人群流動性大的地方，不但商品和服務質量最差，而且假貨橫行，因為在商家和顧客之間「沒有明天」——一個旅客不大可能因為你

的飯菜可口而再次光臨，一錘子買賣，不賺白不賺。

在公共汽車上，兩個陌生人會為爭一個坐位而爭吵，可如果他們認識，就會相互謙讓。在相互社會聯繫緊密的人際關係中，人們普遍比較注意禮節、道德，因為都需要這個環境。

道德、法律、權力利益的劃分，都與「還要見面」有關。從消極的層面看，我們互不侵犯，是為了避免沒完沒了、兩敗俱傷的迴圈報應。比如，兩個原始人見面，一個拿著獸皮，一個拿著野果，他們都想把對方的東西據為己有。如果他們的見面是偶然的，可能相互搶劫；可是如果他們都生活在附近，考慮到對方家族的報復，搶劫的風險就大了。所以他們不去打對方的主意。如果他們確實想得到對方的東西，他們可以選擇合作——以物易物。

兩個相鄰的國家，如果相互敵對，是一件非常不幸的事。它們不可能「搬家」，又不可能消滅對方，這個死結就可能纏繞它們許多年。遺憾的是，這樣關係的鄰國還不少，如巴以、印巴、兩伊以及伊拉克和科威特。

長期敵對對雙方來說，都是損失巨大的。不但隨時有爆發戰爭的危險，經濟建設也受到拖累。誰也不可能把錢花在朝不保夕的危險地區，風險太大是一個原因，還有就是，如果在邊界有許多建設，也更容易被對方訛詐——那無異於是把人質交給對方。一個例子就是韓朝關係，韓國比朝鮮更害怕發生戰爭，因為首都漢城就在對方的炮火射程之內。一個包袱更重的國家，維護和平的代價要比對方更大。

中蘇交惡的年代，雙方都在邊境地區陳兵百萬，巨大的軍費開支和潛在的戰爭風險對兩國都是重負。現在兩國關係改善，互信增加，邊境軍事力量大大減弱，可以說是一個雙贏。

有兩個基本的方法能增大未來對現在的影響力：一是使相互作用更持久；二是使相互作用更頻繁。

最直接促進合作的方法是使相互作用更持久。例如，婚禮就是一個用來慶祝和促進持續關係的公共行為。相互作用的持久性不僅對相愛的人有用，對敵人也有用。能證明這一點的最令人吃驚的例子就是在第一次世界大戰的塹壕戰期間發生的「你不打我，我也不打你」現象。塹壕戰與眾不同的是敵對雙方的部隊要相互接觸很長的時間。在更機動的戰爭中，一支部隊在每次戰鬥中可能遭遇不同的敵人。因此，你希望對方的個體或小單位將會在以後回報你，而合作是沒有好處的。但是在相對固定的戰鬥中，兩支部隊之間的接觸要持續一個相當長的時間。這種持續的接觸，使得基於回報的合作是值得一試的，並且使合作得以建立。

在下一步接觸很快就會發生的情況下，下一步顯然比通常更重要。這就是使接觸更加頻繁的方法。

在商業上，專業化公司趨向於限制在與少數幾個公司接觸以便使這種接觸更加頻繁。這是為什麼合作在小城鎮比在大城市容易出現的一個原因。在某些行業中往

往存在著限制競爭的默契，這也是為什麼同類行業的公司都試圖排斥那些可能擾亂這種默契的新公司。因此，原則總是一樣的，經常接觸有助於促進穩定的合作。

集中接觸是使兩個人更經常見面的一個方法。在協商談判中，另一個使接觸更加頻繁的方法是把問題分解成若干的部分。例如，可以將軍備控制和裁軍條約分解成許多階段，這樣就允許雙方有更多讓步的機遇而不只是一兩個讓步。這樣可以使回報更有效。如果雙方都知道對方的一步不合適的策略可以通過下一步的回報來補償，那麼雙方對整個過程可以按所期望的進行就更有信心。而且，如果雙方對自己識別欺騙的能力缺乏信心，那麼，有許多小的步驟比只有少數大的步驟更有助於促進合作。

分解是一個廣泛使用的原則。在商業上，商人們喜歡一個大訂單分別按每次發貨時間付款，而不願等到最後付總賬。使得當前步驟的背叛相對于整個未來的接觸過程來說不是那麼有誘惑力，這是促進合作的好方法。

17 利己與利他的悖論

人不是天使，人們往往首先關心自己的利益。依據經濟學說法是每個人都是一個「經濟人」——自私，追求個人利益最大化的人。

在本書中討論的博奕問題中有一個限定，那就是我們所討論的博奕問題都是建立在「個體行為理性」基礎上。所謂「個體行為理性」是指個體的行為始終都是以實現自身的最大利益為惟一目標，除非為了實現自身最大利益的需要，否則不會考慮其他個體或社會的利益這樣一種決策原則。

自從「囚徒困境」的推論被提出以來，圍繞它的涵義湧現了大量的文獻。其中似是而非的解釋與完全錯誤的理解不可勝數。誤解之一就是，認為囚徒困境是自私自利的結果。如果個人進行決策時多考慮別人的利益，就不會去選擇損人利己的策略，如此則能避免囚徒困境。經常有人發出這樣的感慨：如果人人都不自私，這世界該是多麼美好！

與自私相反，那麼道德能給我們這個世界帶來的就是一切都美好的嗎？在《鏡花緣》一書中描寫這樣一個君子國的故事。君子國裏的人，個個都以自己吃虧讓人得利為樂事。

小說描寫了一筆交易。這筆交易中的買方認為貨色鮮美索價太低，而賣方則堅持自己的貨色既欠新鮮，又屬平常。最後成交時買者盡挑了次等貨物，引起公眾議論，說買者欺人不公，買方只好將上等貨下等貨各攜一半而去。

還有一筆的交易，是雙方在銀子的成色和分量上發生了爭執。付銀的一方硬說自己的銀子成色欠佳，分量不足，而收銀的一方則嫌成色超標，分量又過高。無奈付銀人已走遠，收銀人只好將他覺得多收的銀子稱出，送給了過路的乞丐。

雙方讓利和雙方爭利都會引起爭論。我們在現實生活中所遇到的爭論，都是由各方偏袒自己的利益引起的。因此，我們常常錯誤地認為，如果關心別人的利益勝過關心自己的利益，爭論就不會發生。而君子國裏發生的事情，說明了以別人的利益作為自己行動的原則同樣會引起爭論，結果我們仍然得不到一個和諧的、協調的社會。

而國外的一部經濟學名著《蜜蜂的故事》中卻描寫的是與君子國截然相反的一種情景。在這本書中作者曼德維爾提出了他的悖論：私人惡德就是公眾利益。書中描寫了一個充滿惡行的蜜蜂王國的繁榮狀況。

後來，邪惡的蜜蜂突然覺悟了，向天神要求讓他們變得善良、正直、誠實起來。

> 主神終於憤怒地發出誓言：
> 使那個抱怨的蜂巢全無欺詐
> 神實現了誓言……

接著，在整個蜜蜂王國中，一磅貶值為一文，昔日繁忙的酒店渺無人煙，不再有人訂貨，舉國一片蕭條景象。

將這兩個故事相對比很有意思。兩個君子的人交易要不是借助於強制方式（兩個路過的老翁或一個乞丐）幾乎達不成交易。而另一個充滿私欲與邪惡的世界，卻人人都過上好日子。這並不僅僅是小說家的天方夜譚，也是有著其中的道理。

試想一下，在現實世界的商業往來中，雖然雙方都以謀利為目的，通過討價還價卻都可以達成協定。儘管我們每個人都有點自私，但我們卻還都和平共處在一個社會之中，平等、自由地交往。

我們每一個人時時刻刻存在於跟他人的普遍聯繫之中，從「自私」的角度講，一個人應該把個人的「危險」，最平均地分攤到別的任何人的責任之中，這就是一種最簡單的自利。

二〇〇三年人們都十分關注「非典」SARS，原因就是人都是想活命的，也就是說都是趨於「利己」的。在那次災難中，無論是誰，實施了保護措施的同時是否也是對他人生命的一種保護？我假如不珍惜自己的生命，是否也是在不知不覺中「被動地」謀殺別人？並同時最終謀殺自己？

戴口罩是一個很好的例子，在預防肺炎疫情這種毒性極強傳染力極大的疾病中，在公共場所有沒有採取戴口罩之類防護措施，顯然已不是你個人怕死不怕死的問題，對整個社會而言，你戴口罩就已演變為一種利人利己的責任。

而且，這種自利明顯地對我之外的任何人也都是有利的，也就是自利並利他，這就是一種經濟學上的「效益最大化」。

18 人際交往中的博奕

交際就是一種特殊的博奕，只有非對抗的合作的態度，才會使交際呈「正和博奕」狀態，從而收到良好的交際效果。

在家庭生活中，這種情況並不少見。夫妻倆看電視，丈夫喜歡看足球，妻子喜歡電視連續劇，當只有一台電視時，就會出現這樣三種情況：

一是兩人爭執不下，丈夫想看足球，妻子偏不讓；妻子想要看連續劇，丈夫也不同意，於是，乾脆關掉電視，誰都別看。

一種情況是一方占得上風，或丈夫看足球，妻子到鄰居家看連續劇；或是妻子連續劇，丈夫到朋友家去看足球。

還有一種情況是，其中一方說服對方，兩人同看足球或連續劇。

人們之間的相互矛盾和相互衝突的關係，實際上就是一種博奕關係。矛盾衝突的結果也有三種情況：負和遊戲、零和遊戲和正和遊戲。

所謂「負和遊戲」，是一種兩敗俱傷的遊戲，故也稱為雙輸博奕。在人與人的交往時，由於相互的衝突和矛盾，不能達到統一，交際雙方都不讓步，最後使交際活動不能展開，結果是交際的雙方都從中受損，兩敗俱傷。正如上面所舉的例子，夫妻倆如果互不讓步，乾脆關了電視，這樣造成的後果是，你的心理不能得到滿足，我的感情也有疙瘩，對雙方來說都受到損失；雙方的願望都沒有實現，剩下的只能是夫妻兩個人彼此生氣，從而對夫妻感情造成不良影響。

「負和遊戲」雙方都沒有所得，或者所得小於所失，其結果是兩敗俱傷。交際中的「負和遊戲」，只能加大雙方矛盾，使雙方失和。交際發生「負和遊戲」，如果是初次相交，便會因為兩敗俱傷而不再交往；如果是朋友，也會因不斷發生「負和遊戲」而逐漸疏遠；夫妻間經常出現「負和」現象，感情自然會受到影響。

再讓我們來看一下「零和遊戲」。這種簡單的「你輸我贏」的思考方式往往會給人們帶來更大的麻煩。就像雙方拿著一根繩子做拔河比賽，輸贏分明——對方贏一寸，你就輸一寸。其實，在人與人之間的交往中，雙方的關係並不是簡單的「你贏我輸」的對抗關係。雙方可以都做得很好，也可能都做得很糟。制勝不是靠打擊對方、壓倒對方，而是靠引導對方採取對雙方都有利的行為，即合作的行為。

而互利互惠的「正和遊戲」，則是一種雙贏的博奕。有這樣一個故事，一場戰鬥在一個村莊發生。村中有一個不能走路的癱子，打起仗來，人們都逃走了，他只有整天躺在屋裏。一天，他看見一個瞎子，就招呼瞎子說：「你眼睛瞎了，看不見路；我身體癱瘓了，走不得路。眼下正在打仗，誰也不管我們，我們只有等死了。現在，我當你的眼睛，你做我的腿。你背著我，我給你指路，我們就可以逃離這個戰亂的地方。」

瞎子一聽很高興，就背起癱子，兩個人離開了村子，到了一個安全的地方。癱子給了瞎子雙眼，瞎子給了癱子雙腿。他們相互救了各自的性命。這就是一種「正和遊戲」的博奕結局。

從上面可以看出，「負和遊戲」和「零和遊戲」是一種對抗性博奕，或者稱之為不合作博奕；而「正和遊戲」是一種非對抗性博奕，或者稱為合作性博奕。不難看出，人際交往中要取得良好的效果，一般不應採取對抗性博奕，而應該製造非對抗性博奕。

要運用「博奕論」創造人際關係新局面，應注意以下幾個方面的問題：

第一　要胸懷開闊。

交際中之所以經常會發生「負和博奕」現象，大多是因為心胸狹窄，遇事愛使性負氣而生。夫妻倆看電視，如果都不容對方的愛好和自己的愛好衝突，便使性負氣，關掉電視，這樣無疑會造成夫妻關係不和，最後弄得兩敗俱傷。如果當時雙方有一個作一些讓步或犧牲，最起碼可以滿足一個人的意願，如果另一方也能胸懷開闊一些，容納對方的愛好，就能使夫妻感情更和諧，生活更美滿。

在生活中經常會聽到這樣的話：「這事我辦不成，誰也別想辦成」，「這東西我得不到，誰也別想得到」。以這種想法進入交際情境，必然會出現「負和」局面。如果不使性負氣，而是互相諒解，與人交往採取合作態度，便能使有矛盾和衝突的交際活動朝好的方向發展。在交際中，如果遇到了和交際物件發生衝突的時候，能像這一對夫妻那樣，為對方著想，採取一種和對方合作的態度，就一定能避免交際中「負和遊戲」的發生。

第二 要心地善良。

如果說人際交往如博奕，那麼「零和遊戲」現象的發生，大多是因為有人見利忘義，想吞併對方的利益，這樣的人從一開始便心存惡念，自然便會用欺詐手段來達到自己的目的。

在艾克斯羅德的「重複囚犯困境」的遊戲中，決定策略成功的既不是這些參賽者的學科，也不是程式的長短。把得分相對高的程式和得分相對低的程式區別開來的特性，就是它的善良性，即從不首先背叛。

許多道德家們都認為假使一個人能夠大徹大悟，努力地為他人服務，他的生命一定閃爍著光彩，充滿著喜悅與快樂。事實上，這種教訓是有其成功的緣由的。你要儘量慷慨地給予他人以同情、鼓勵、扶助，因為那些東西，於我們自身是不會因「給予」而有所減少的；相反，我們給人越多，我們自己所有的也越多。我們把善意、同情、幫助給人越多，我們收回的善意、同情、扶助也就越多。這也是人與人之間博奕策略決定的結果。

第三 要互諒互讓。

人和人正常交往，無論在什麼情況下，都要相互適應，在發生矛盾和衝突時，如果能從對方的利益出發，能從良好的願望出發，便能使交際達到互利互惠的「正和遊戲」狀態。就是說，人際交往要達到效益最大化，就不能以自己的意志作為和別人交往的準則，而應該在取長補短、相互諒解中達成統一，達到雙贏的效果。例如上面所說的夫妻倆，如果有一方能讓步一些，達成一致，都看足球或聽音樂，如果能心平氣和，雙方會共同享受足球的刺激或音樂的美妙，在觀看足球或欣賞音樂時使雙方同時得到快樂，如果能達到這一點，不是更好嗎？

第四　不要期望完全的公平。

公平是人們常用的辭彙。當一人說不公平時，他的言下之意可能是抱怨或是不願意接受一個既定的分配，而非要求完全的數量均等或效用均等。許多人往往忽略個人選擇與承擔其決定後果，而提出各類不同的公平原則。然而，公平除了從個人選擇及兩人合作的角度去討論外，並不存在任何其他的意義。

我們玩過的許多遊戲，使我們相信合作應該是公平的。設計者盡一切可能給每個人勝出的機會。決定是偶然作出的：取一枚硬幣，擲一次骰子，或是出一張牌。每個人在一開始時都是公平的：每個人擁有同等數量的金錢，同樣數量的骰子，或相同張數的牌。有些遊戲中甚至故意設計一些障礙以彌補參與者技能方面的差異。

在其他遊戲中，使之公平的方法也會使之更具娛樂性。玩一個乏味的遊戲而你又不可能贏，那就沒有多大的意思。但你又必須記住非常重要的一點，生活中的許多事並不是娛樂，你必須經常去面對複雜局面，哪怕形勢對你極為不利。

不要擔心究竟是否公平，而要考慮什麼對你最有利。事實表明，許多人在擔憂事情是否公平時，往往會作出不明智的決定。

總之，交際就是一種特殊的博奕。如果想讓交際向健康方向發展，就必須以非對抗的方式，採取合作的態度，使交際呈「正和遊戲」狀態，從而收到良好的交際效果。

19 道德是最經濟的

缺乏道德的社會是一個社會整體的福利降低了的社會，競爭的失敗者固然減少得更多，競爭的勝利者由於保存財富的艱難，得到的快樂也會大大降低。

「囚徒困境」的前提是犯人被隔離起來不能互通資訊。如果可以通資訊的話，那麼可以肯定地說，他們一定會作最佳選擇。

現實中雖然沒有這樣人為的隔離，但由於人們受獲取資訊的方式和渠道的限制、文化和思想的差異、評判的時間等因素的制約，在很多情況下和囚徒所處的位

置並沒有什麼差異。這也是造成在現實社會人們在生活競爭的壓力和追逐利益的驅使下種種不道德商業行為的根源。

在一個相對狹小的地域內與某一位成員打交道時你的誠實很重要，一次道德上的犯錯就可能破壞你在整個區域中的地位。當然，你破壞承諾的聲譽僅僅只限於在那些對你的誠信評價低的人中傳播，而對那些與你沒有利害關係的人沒有什麼影響。事實上，人們經常會「忘記」對那些無法懲罰我們的人的承諾嗎？這樣做並非出自道德上的原因，而是僅僅因為這些承諾被我們潛意識中「更重要」的承諾擠掉了。

我們知道，「一次性囚徒困境」可以破壞承諾而對聲譽絲毫無損。理性博奕人在這種情形下的對承諾的破壞並不意味著遵守承諾的制度無法在理性社會存在。他在理性社會存在的原因與他在真實世界的存在的原因非常相似。

「一次性囚徒困境中」的確不存在承諾機制，因為沒有一個理性參與人在確信無人信任他時還會作出承諾。但不要忘記一次性囚徒困境僅僅是大量的博奕中的一個而已。

如果每個理性人都不被相信會信守承諾，則這樣的社會是沒有前途的。儘管理性人之間的承諾有時毫無意義，但由此認為理性人之間的承諾永遠都沒有價值的看法是錯誤的。即便是被「囚徒困境」所折磨的人也會這樣認為，他們在某種程度上承認為什麼信守承諾能存在下來的真正原因，是因為信守承諾的聲譽非常珍貴，並且這樣的聲譽易失不易得。

如果我們能信守承諾，或者不守承諾就會招來精神上的折磨，或者我們能對他人的福利有足夠的關心，那麼人與人之間就一定容易做到和睦相處。但事實上這個所謂的博奕論的存在卻使我們無法生活在這樣一個美妙的「黃金時代」。

互惠原則是如果你不幫助他人，我也不會幫助你，而一個二人博奕模型中嚴格的互惠原則是如果你不幫助我，我也不會幫助你。除非引入時間因素，否則這樣的原則就毫無意義，而引入時間因素的最簡單的方式是進行重複博奕。

重複博奕不確定期限的重複囚徒困境與一次性囚徒困境有很大不同。

如果人們的交往行為重複進行，交往的各方就會逐漸選擇道德的方式，因為不道德的作為會使一個人失去在群體中存在的基礎。那麼他從自己的利益出發，也會逐漸選擇與人為善的做法。這樣的個體選擇最終使群體的利益得到了提升。

但在目前的商業社會中，對個體的消費者來說，客觀上存在著操作的困難，比如由於新技術新產品的不斷出現，由於很多消費品在一定時期內不可能重複購買，比如商品質量缺陷的隱蔽性，比如由於供應者和消費者在資訊上的不對等，等等。往往不允許消費者建立起這樣的重複過程。那麼提供方就會利用這種消費環境，採取欺騙手段，獲得不正當利益。比如一些騙子公司認為，哪怕全國人一個人上當一次，那獲得的利益就是一個天文數字。廣告的虛假宣傳和集中造勢，甚至利用專家和名人推波助瀾，這樣的公司和產品不會長久，但當消費者清醒的時候。他已經賺夠了，甚至改頭換面為其他的公司重新開始一波新的欺騙過程。

對這種情況，本來應該是國家法律、消費者協會或行業協會以及新聞單位這樣的機構發揮作用的時候，但由於整個社會的信用低下，相應機構並沒有建立起這樣的權威，一些組織甚至利用消費者的信任，發佈虛假資訊，幫助劣產品獲利。更加深了消費者的不信任。

但每個消費者客觀在另一個領域又是產品供應者。他在一個方面受到的損失，如果得不到正確的補償，心理上就有通過他能掌握的資源進行找回的選擇。從而形成惡性循環。引起整個社會的費用的上升和收益的降低。

整個的社會，就像是一個假面舞會，每個人都在台下的時候，表現出本我的時候，看到別人的醜惡，會表現出憤怒，一但自己戴上面具上場，又會表現得更瘋狂。

但轉變整個社會的行動遠比讓每一個人認識到這一點要困難得多。就像武俠小說中兩個武林高手比拼內功，明知道耗下去帶來的是兩敗俱傷，都有收手的意思，但卻誰也不敢先撤出。

缺乏道德的社會是一個社會整體的福利降低了的社會，競爭的失敗者固然減少得更多，競爭的勝利者由於保有財富的艱難，得到的快樂也會大大降低。

一個以一己私利為出發點的企業，可能會迅速崛起，但絕對不會成百年老店。

20 愛情的囚徒

愛情也是一場博奕，誰能熟練地駕禦愛情的遊戲規則，誰就能成為愛情的贏家。

把「囚徒困境」套用在愛情博奕中，我們就能看到這樣的邏輯：

如果雙方都不變心，那是最好的結局——在天願為比翼鳥，在地願為連理枝；

如果雙方都變了心，效果也不壞——你走你的陽關道，我過我的獨木橋嘛；

如果一方變了心，另覓新歡，另一方卻還傻乎乎地忠貞不二，那麼，另覓新歡的一方是最幸福的，比兩人都不變心的結果還幸福——因為他找到了更好的情人；而被遺棄的一方是最不幸的——比兩人都變心的結果更不幸，因為他承擔的壓力既來自于對方的太幸福，也來自於自己的太不幸。

在這場愛情的遊戲中，戀人最得意的選擇是另覓新歡，最天真的選擇是天荒地老，最理性的選擇是分道揚鑣，最糟糕的選擇是被另有新歡的對方無情拋棄。問題是，最得意的結局過於缺德，最天真的結局過於虛幻，最理性的結局過於殘酷，最

糟糕的結局又（讓一方）過於心痛。

但是，反觀現實中的戀人，大都希望能夠天荒地老，沒有誰願意回頭是岸，甚至被對方遺棄了還不死心。我們知道，愛情常常伴隨著山盟海誓，其目的就是讓對方相信自己能夠天荒地老而此情不渝。希望以彼此忠誠換來一個好的博弈結果。但沒有什麼誓約是永恒的。這是整天廝守在一起的戀人的博弈情形。而對於天各一方的戀人來說，彼此就像被隔離審查的囚徒一樣，他們除了違背誓約外，沒有更好的選擇。他們要想在戀愛中成為贏家，最好是不遵守愛的諾言。

不過我們不要忘了，如果是一次性的博弈，「囚徒困境」必然發生。愛情的博弈中，露水夫妻一夜情，誰也不會忠於誰的，彼此也不會為對方今後的不忠實而感到不快，原因就在於這是一次性的博弈。可是，如果男女雙方互相認識，且今後還要常常碰面，那麼他們彼此的忠心就會又不同程度地增加，原因在於他們還有機會重複博弈。因此戀人有無數次的機會做到以其人之道，還治其人之身。

在這個重複博弈的過程中，誰將是情場上的贏家呢？誰將在博弈中獲勝呢？

根據艾克斯羅德的「重複囚徒困境」遊戲，勝利也總是屬於那些善意的、寬容的、強硬的、簡單明瞭的戀人們。反之，惡意的、尖刻的、軟弱的、複雜的戀人們往往才會敗北。

所以，獲得幸福愛情的博弈原則應該是：

第一　善意而不是惡意地對待戀人。這個道理很簡單了，無須多說。

第二　寬容而不是尖刻地對待戀人。

幸福的戀人可能並不是忠貞不二的，當然也肯定不是見異思遷的，他們能夠生活得愉快，關鍵是能夠彼此寬容，既寬容對方的缺點，甚至也寬容他偶爾的不忠貞。而尖刻地對待戀人的人，對戀人的偶爾不忠貞總是不肯遷就的人，往往也都不會幸福。

第三　強硬而不是軟弱地對待戀人。

就是要在我永遠愛你的善意的前提下，做到有愛必報，有恨也必報，以眼還眼，以牙還牙，以其人之道，還治其人之身。這其中，當然是要有限度和分寸的。比如對戀人與其他異性的親熱行為，要有極其強烈的敏感與斬釘截鐵的回報，當然，每次發脾氣都是有限度的，而且還要能寬容對方。

第四　簡單明瞭而不是山環水繞地對待戀人。」

艾克斯羅德的實驗證明，在博奕過程中，過分複雜的策略使得對手難於理解，無所適從，因而難以建立穩定的合作關係。

事實上，在一個非零和的環境裏，「城府深嚴」、「兵不厭詐」、「揣著明白裝糊塗」往往並非上策。相反，明晰的個性、簡練的作風和坦誠的態度倒是制勝的要訣。要讓戀人明白你說的是什麼，切忌讓對方猜來猜去的，造成誤會。因為不簡

單明瞭地對待戀人最終導致誤會而分手的愛情悲劇並不少啊。所以，愛情的手段，還是簡單一點好，讓戀人一看就明白，免去了很多猜謎的時間。

本來應該提防戀人才能在戀愛中獲勝的簡單博奕模型，因為有了不絕於耳的愛情誓言，更因為有了對善意的、寬容的、強硬的、簡單明瞭的原則的把握和利用，人世間才有了很多美麗的愛情和幸福的婚姻。

21 妥協是一種藝術

人們都希望取勝，可是當取勝無望時，那麼爭取到「平局」也不錯，至少比輸要好。

在現代社會，多數競爭已不再是「你死我活」的，從「地球上抹掉敵人」的情況少之又少。博奕論告訴我們：當人們必須長期共處時，合作和妥協往往是明智的選擇。既然難以「畢其功於一役」，我們就該把目光放長遠一些。「妥協」是雙方或多方在某種條件下達成的共識，在解決問題上，它不是最好的辦法，但在沒有更好的方法出現之前，它卻是最好的方法，因為它有不少的好處。

首先，它可以避免時間、精力等「資源」的繼續投入。在勝利不可得，而「資源」

消耗殆盡時，妥協可以立即停止消耗，使自己有喘息、整補的機會。也許你會認為，「強者」不需要妥協，因為他「資源」豐富，不怕消耗。問題是，當弱者以飛蛾撲火之勢咬住你時，強者縱然得勝，也是損失不少的「慘勝」，所以強者在某種狀況下需要妥協。

其次，可以借妥協的和平時期，來扭轉對你不利的劣勢。對方提出妥協，表示他有力不從心之處，他也需要喘息，說不定他根本要放棄這場「戰爭」；如果是你提出，而他也願意接受，並且同意你所提的條件，表示他也無心或無力繼續這場「戰爭」，否則他是不大可能放棄勝利的果實的。因此「妥協」可創造「和平」的時間和空間，而你便可以利用這段時間來引導「敵我」態勢的轉變。

再次，可以維持自己最起碼的「存在」。妥協常有附帶條件，如果你是弱者，並且主動提出妥協，那麼可能要付出相當的代價，但卻換得了「存在」；「存在」是一切的根本，沒有存在就沒有未來。也許這種附帶條件的妥協對你不公平，讓人感到屈辱，但用屈辱換得存在，換得希望，也是值得的。

在一些人的眼中，妥協似乎是軟弱和不堅定的表現，似乎只有毫不妥協，方能顯示出英雄本色。但是，這種非此即彼的思維方式，實際上是認定人與人之間的關係是征服與被征服的關係，沒有任何妥協的餘地。在現實生活中，人與人之間的關係逐漸由依賴與被依賴的關係，轉向相互依賴的關係。比如買東西，過去東西短缺，

買家只能求著賣家。於是價格自然是鐵價不二，沒有任何商量的餘地。但現在不同了，市場經濟下所形成的買方市場，買家與賣家的關係變為相互依賴，使得討價還價流行開來。在這種情況下，如果不肯做出任何妥協，那只能失去自身生存與發展的機會，成為最終的失敗者。「妥協」其實是非常務實、通權達變的智慧，智者都懂得在恰當時機接受別人的妥協，或向別人提出妥協，畢竟人要生存，靠的是理性，而不是意氣。

何時「妥協」？怎樣妥協？要看狀況：

第一　要看你的大目標何在。

也就是說，你不必把資源浪費在無益的爭鬥上，能妥協就妥協，不能妥協，放棄戰鬥也無不可。但若你爭的本就是大目標，那麼絕不可輕易妥協。

第二　要看「妥協」的條件。

如果你佔據優勢，當然可以提出要求，但不必把對方弄得無路可退，這不是為了道德正義，而為了避免逼虎傷人，是有利害權衡的。如果你是提出妥協的弱勢者，且有不惜玉石俱焚的決心，相信對方會接受你的條件。

「妥協」可改變現狀，轉危為安，是戰術，也是戰略。妥協是現代社會關係中的重要謀略。在商場競爭中，一個經營者如果不懂得適當妥協，就會在盲目前進中碰壁。同樣，一個不知進退的人早晚也會嘗到失敗的苦果。

妥協並不意味著放棄原則，一味地讓步。應當區分明智的妥協和不明智的妥協。明智的妥協是一種適當的交換，為了達到主要的目標，可以在次要的目標上作適當的讓步。這種妥協並不是完全放棄原則，而是以退為進，通過適當的交換來確保自身要求的實現。相反，不明智的妥協，就是缺乏適當的權衡，或是堅持了次要目標而放棄了主要目標，或是妥協的代價過高而遭受不必要的損失。因此，明智的妥協是一種讓步的藝術，而掌握這種高超的藝術，是現代人成功生活的必備素質。

在現代生活中，善於妥協不僅是一種明智，而且是一種美德。能夠妥協，意味著對對方利益的尊重。意味著將對方的利益看得和自身利益同樣重要。在個人權利日趨平等的現代生活中，人與人之間的尊重是相互的。只有尊重他人，才能獲得他人的尊重。因此，善於妥協就會贏得別人更多的尊重，成為生活中的智者和強者。

22 規避可激怒性的危險

一個策略若是太具侵犯性的話，結果會招來自己設下的厄運：率先背叛者往往要付出沈重的代價。

一九八七年，美國就前蘇聯偵察和竊聽美國駐莫斯科大使館一事作出回應，宣

佈減少在美國工作的前蘇聯外交官人數。前蘇聯的回應是調走前蘇聯在美國駐莫斯科大使館的後勤人員，同時對美國外交使團的規模作出更加嚴格的限制。結果是雙方都難以開展各自的外交工作。

「一報還一報」策略的問題在於，任何一個錯誤都會反復出現，猶如回聲。一方對另一方的背叛行為進行懲罰，從而引發連鎖反應。對手受到懲罰之後，不甘示弱，進行反擊。這一反擊又招致第二次懲罰。無論什麼時候，這一策略都不會只接受懲罰而不作任何反擊。

以色列由於巴勒斯坦發動襲擊而進行懲罰，巴勒斯坦拒絕忍氣吞聲，而採取報復行動。由此形成一個迴圈，懲罰與報復就這樣自動而永久地持續下去。

馬克．吐溫小說中的格蘭傑福特家族與謝潑德森家族的世代仇恨，給我們提供了一個例子，說明以牙還牙的行動是怎樣導致兩敗俱傷的。不和雙方一定不願意停止爭鬥，除非他們覺得兩家已經打平了。但是，就在這樣持續不斷的尋求打平的過程中，他們實際上是出手越來越重。最後他們甚至會為此送了命。幾乎沒有可能回到起點，重新謀求解決雙方的不和了，因為，爭鬥一旦開始，就不會按照人們的意志發展。

比如，當赫克．芬恩試圖瞭解格蘭傑福特家族與謝潑德森家族世仇的源頭究竟是什麼時，他卻遇到了雞生蛋還是蛋生雞的難題。

「這究竟是為什麼呢，巴克？——為了土地嗎？」
「我估計是的——我不知道。」
「那麼，究竟是誰開的槍呢？是格蘭傑福特家的人還是謝潑德森家的人？」
「天哪，我怎麼會知道呢？那是多久以前的事啊。」
「有沒有人知道呢？」
「噢，有的，老爸知道，我估計，還有其他一些老頭子，不過現在他們也不曉得當初究竟發生了什麼事。」

「一報還一報」策略缺少的是一個宣佈「到此為止」的方法。因此，若將這一策略用於必然包含誤解的情形，就會變得很危險。「一報還一報」策略實在太容易被激發起來。當某一作弊行為看上去像是一個錯誤而非常態舉止的時候，你應該保持寬容之心。即便這一作弊是故意的，經過一個漫長的懲罰迴圈之後，也許到了該叫停並嘗試重建合作的時候了。與此同時，你當然也不想太輕易地寬恕對方而被對方占了便宜。那麼，你應該怎麼取捨呢？

在許多文化中家族之間的仇恨會持續幾年甚至幾代。世界上很多宗族觀念和民族矛盾強烈的地區，家族之間的仇恨有時持續了幾十年。

巴基斯坦與印度之間的對抗，一個弄了軍事演習，另一個也馬上實施有效反應。無論哪一方都應該認識到，這只不過是對方的一個反應而已，不應該看成是威脅。

其實對方的反應，兩方面都能預料得到。如果雙方能認識這一點，而將反應適當減弱（不反應就會顯得無能，但反應過激就會招來麻煩），雙方的戰備升級競賽就會穩定下來，並可能反過來回到正常的狀態。

一個傷害由另一個傷害來償還，並且每一次報復都引起了一輪新的報復。這種傷害來回反射直到最初的暴行消失在遙遠的過去中。這是「一報還一報」的嚴重的問題，一個更好的策略可能是一報還十分之九報。這樣能夠減弱衝突的震蕩，又提供一個信號使對方不敢嘗試無緣無故的背叛。它是一個基於回報的但又比「一報還一報」多一點寬容的策略。它也是大致公平的。尤其在一個自私自利的沒有集權的世界裏，它確實不僅促進它自己的福利，而且增加其他人的福利。

有限的可激怒性是一個用來達到穩定合作的策略的有效的特性。「一報還一報」是用與對方背叛完全等量的背叛來反應。但在許多情況下，如果這個反應次數稍稍少於挑釁次數的話，合作的穩定性便可以得到增強。要不然，就很容易陷入彼此無止境地反應對方的上一步背叛的情況中。有幾個方法可以控制「反射」作用。一個方法是首先背叛的一方要認識到對方的反應不應該再引起自己的另一個背叛。

例如，兩個有爭端的國家就應該彼此認識到對方的行動只不過是對自己行為的一個反應而已，不應該被看成是威脅。即使這樣的反應是自動的和可預測的，如果一方的反應在某種程度上小於對方的心理承受力時還是有用的。那麼戰備競賽的升級就會穩定下來，並可能反過來回到正常狀態上。

23 子張求官的邏輯

在仕途的博奕模型中，最優結果莫過於讓有能力的人說話做事，沒能力的人不敢說話做事，而不是相反的結果。

《論語．為政篇》「子張學幹祿」一篇中，孔子說：「多聽聽，有疑問就保留，謹慎地談談無疑問、有把握的東西，就能減少錯誤；多看看，保留疑問，謹慎地實行無疑問的事，就能減少後悔。言論少錯誤，行動少悔恨，官職俸祿就在其中了。」

孔子的觀點似乎是這樣的：

一個人怎麼樣才能得到官職（俸祿）呢？你必須少說錯話和少做錯事；

那怎麼樣才能少說錯話和少做錯事呢？你必須謹慎（謹慎地談談無疑問、有把握的東西，謹慎地實行無疑問的事）；

那怎麼樣才能保證自己說的話和做的事是無疑問的呢？你必須多聽聽，多看看。

無庸諱言，孔子的這段言論反映了一個求官者和授官者之間的博奕。在這個模型裏，資訊都是完全資訊，即大家知道「大家都知道」：求官者知道授官者的目標在於選拔出有能力的人才來當官，標準就是「少說錯話，少做錯事」的人。授官者也知道求官者的目標在於「官祿就在其中」。

我們意識到，其中有這樣一個納什均衡：求官者選擇不說不做，授官者選擇授予官職給求官者。這個納什均衡是不好的，因為雖然從求官者來說達到目標極大化，但從授官者來看並沒有達到自己的目標——選拔出有能力的人才來當官。而且從全社會的角度來看，沒有達到資源的最佳配置，讓不具備從政能力的人當官對他們從某種意義上講也是一種資源沒有配置好。

接下來，我們剔除掉上述的納什均衡。我們假設授官者規定：不說不做的求官者不授予官職。並引入一項措施使得該規定成為「可置信的威脅」。

在這種情況下，求官者如果想得到官職，就必須要說要做。但博奕的規則又告訴求官者，必須要「少說錯話，少做錯事」。所以對於求官者來說，一邊是要說要做，一邊是少說錯少做錯。怎麼辦？

此時孔子的觀點就介入進來：你必須謹慎——謹慎地談談無疑問、有把握的東西，謹慎地實行無疑問的事。那怎麼樣才能保證自己說的話和做的事是無疑問的呢？你必須多聽聽，多看看。

我們也可以從另外一個角度探討。如果你能區分出什麼是有疑問、有把握的，什麼是沒疑問、沒把握的，那麼你就只做和只說沒疑問的、有把握的，這樣你就能「少說錯話，少做錯事」，這樣你就能贏得官祿。孔子這段話是很精闢的，但他的觀點要成立當然也是有條件的。是什麼樣的條件呢？

我們先假設在孔子那個時代人人都想得到官職，我們再假設官職在孔子時代是由上級任免的。在這兩個假設基礎上，我們假設上級決定任不任他是通過考察該人的能力(即說錯話和做錯事的機率)：如果機率小，上級則認為他有能力並任免他；如果機率大，上級則認為他沒什麼能力不任免他。那麼求官者的策略可以肯定是讓自己表現出很少說錯話和很少做錯事。但我們又注意到一個人要做到很少說錯話和很少做錯事有一個很簡單的方法——那就是不說話、不做事。

我們可以這樣認為：如果在孔子時代，那時的制度能保證求官為了讓自己少說錯話和少做錯事，而選擇說話做事(上級也通過這來考察和決定是否任免)，我們可以說，孔子的「言寡尤，行寡悔，祿在其中矣」的觀點不但是正確的，而且是合理的。

所以，這個博奕模型的要害在於產生一個分離均衡：讓有能力的人選擇說話做事，沒能力的人不敢說話做事；而不是有能力的人不敢選擇說話做事，沒能力的人也不敢選擇說話做事。

24 獵人博奕與帕累托優勢

要想再改善任何人都必須損害別的人了，這時候就說一個經濟已經實現了帕累托效率。相反，如果還可以在不損害別人的情況下改善任何人，就認為經濟資源尚未充分利用，就不能說已經達到帕累托效率。

設想在古代的一個村莊有兩個獵人。為了簡化問題，假設主要的獵物只有兩種：鹿和兔子。在古代，人類的狩獵手段比較落後，弓箭的威力也有限。在這樣的條件下，我們可以假設，兩個獵人一起去獵鹿，才能獵獲一隻鹿。如果一個獵人單兵作戰，他只能打到四隻兔子。從填飽肚子的角度來說，四隻兔子算管四天吧，一隻鹿卻差不多能夠解決二十天的問題。這樣，兩個人的行為決策就成為這樣的博奕形式：

要麼分別打兔子，每人得四；

要麼合作，每人得十（平分鹿之後的所得）。

兩個納什均衡，就是兩個可能的結局。那麼，究竟哪一個會發生呢？是一起去獵鹿還是各自去打兔子呢？這就和「夫妻博奕」一樣，不能完全由納什均衡本身來確定。

比較兩個納什均衡，明顯的事實是，兩人一起去獵鹿的贏利比各自去打兔子的贏利要大得多。甲乙一起去獵鹿的納什均衡，比兩人各自去打兔子的納什均衡，具有帕累托優勢。獵人博奕的結局，最大可能是具有帕累托優勢的那個納什均衡：甲乙一起去獵鹿。

什麼是帕累托效率和帕累托優勢？帕累托（義大利經濟學家）效率準則是：經濟的效率表現于配置社會資源以改善人們的境況，主要看資源是否已經被充分利用。如果資源已經被充分利用，要想再改善我就必須損害你或別的什麼人，要想再改善你就必須損害另外某個人，一句話，要想再改善任何人都必須損害別的人了，這時候就說一個經濟已經實現了帕累托效率。相反，如果還可以在不損害別人的情況下改善任何人，就認為經濟資源尚未充分利用，就不能說已經達到帕累托效率。

比起打兔子來，獵鹿不僅是總額的改善，而且每個人都得到很大改善。這就是獵鹿對於打兔子具有帕累托優勢的意思。關鍵是每個人都得到改善，帕累托改善是各方的境況都不受損害的改善。

可是上面的情況是假設雙方平均分配獵物，也就是說，兩個獵人的能力和貢獻差不多，但是實際上並不一定如此。如果一個獵人能力強、貢獻大，他就會要求得到較大的一份，這樣分配的結果就可能是（14，6）或（15，5），但有一點是確定的，那就是能力較差的獵人的所得，至少要多於他獨自打獵的收益，否則他就沒有合作的動機。

如果合作的結果是（17，3），相對於分別獵兔（4，4）就不具有帕累托優勢，這是因為3比4小，乙受到損害。這樣，我們就不能說境況得到了帕累托改善。雖然17比4多，改善了很多，17＋3也比4＋4大很多，改善了很多，但是3比4小，乙沒有改善反而惡化。所以站在乙的立場，（17，3）沒有原來的（4，4）那麼好（第一個數代表甲的滿意程度或者得益，第二個數代表乙的滿意程度或者得益）。如果合作的結果如此，那麼，乙一定不願合作。可見，帕累托改善是一種各方都認同的改善，不是要求任何一方作出犧牲的改善。

「帕累托效率」很有現實意義，在改革開放的今天，關於中國的成功有很多分析，有人認為中國的「漸進式」改革，避免了前蘇聯、東歐那樣一步到位的「振蕩療法」或「休克療法」，社會損失較小。深刻一點地分析，則說中國的改革是從體制外的改革開始，向體制內的改革發展等等。

人們比較一致的看法是，一直到前幾年為止，中國的改革進程大致上是一種帕累托改善的過程。雖然有一小部分人發了大財，社會不平等程度在增加，但是廣大人民的收入也多多少少在增加，生活基本上都在改善。可是這種改善總要被帕累托效率代替：有些人不可避免地要為社會的發展付出代價。

例如目前的改革問題。國企效益不好，既有責權不分、經營不善的原因，也是因為計劃經濟下國有經濟一直承擔著「企業辦社會」的重任。企業辦社會，就一定會損失效率。兼辦社會的國有經濟，擔負著為改革開放提供安全網的作用。國有經濟不僅承擔了國家財政收入的絕大部分，而且是億萬職工生計的保證。當私有企業、外資企業等「體制外」經濟輕裝上陣蓬勃發展的時候，國有經濟承擔了國家和政府的許多社會責任。

現在，改革已經向縱深發展，突出的問題是國有經濟如何適應市場競爭。當年，因為國有經濟分擔了國家和政府的重任，「摸著石頭過河」的改革開放才得以進行下去。現在，很多「國企」已經在市場競爭中處於劣勢，「辦社會」更是難以為繼。這一方面是千萬工人失業，另一方面，社會保障制度又剛剛起步，無法承擔大任。這就造成了儘管社會經濟不斷發展，同時有些人的生活水平卻在下降的「帕累托效率」。顯然，這對維護社會穩定和推動改革的深化是十分不利的。

在這種情況下，如何審時度勢進行改革，多種渠道化解社會困難，把非帕累托進程的負面效應控制在最小的範圍，是關係未來發展走向的關鍵。

人們公認，平等是建設一個理想社會的目標之一。許多國家的政府都採用了某種形式的再分配稅制，即富人多繳稅，國家用稅金提高社會福利，這是符合「邊際效用」原則的。在本書後面我們會談到的「智豬博奕」中，大豬所以寧願讓小豬多得益，正是因為它的得益大於成本，而小豬不願這樣做，也是因為成本大於其所得。

既然富人從經濟發展中獲益更多，那麼讓他們多承擔一些促進社會福利的事，也很公平。

這表現在制度上，就是稅率的差異，收入越高的人，稅率也越高。比如二十世紀六十年代和七〇年代，美國所得稅的最高稅率超過70%，而瑞典等北歐「福利國家」就更高。不過，到了二十世紀九〇年代，高稅率的弊端逐漸顯現，因此，許多國家將最高稅率大幅度下調。

降低稅率的主要動機，源於高稅收對工作的激勵的損害作用，即努力工作的人並不比遊手好閒的人幸福多少。

現在，一方面存在更大的積累財富的激勵，另一方面出現了更大的收入不平等。當然，不平等的背後有很多原因，所得稅只是消除這種症狀的一個生硬的工具，而不是原因。考慮一下，導致不平等的原因是什麼，而這些原因對設計一個理想的稅制又有什麼影響？實施這一理想體系會有什麼問題？這一體系與現有體系相比有什麼區別？

我們從研究導致經濟不平等的一些原因著手。首先是運氣。有兩種運氣。有些人生來就比別人多了某種天才或優勢。即便在這些方面起步平等的人，運氣也會青睞某些人，而不是所有人。許多人以為，運氣產生了某種不平等，這是不公平的，用於平衡這類優勢的稅制得到了廣泛支持。

其次是努力。有些人就是比其他人工作更努力。當人們對稅制損害工作的激勵的說法表示同意的時候，他們通常是指提供努力的激勵。假如政府決心抽取相當大一部分的勞動成果，誰還願意努力工作呢？許多人還認為，人們應該有能力保留自己的勞動果實的說法在道義上也是正確的。

我們現在假設政府希望做到既能從每一名公民的勞動果實中至少抽取一部分，又不會損害工作的激勵。如果收稅者分辨得出每一個人付出了多大努力，做到這一點當然毫無問題。每個人應該上繳的稅款數目可以直接與他付出的努力挂勾，變成一個真正意義上的懲罰性的稅制，目標針對那些努力程度未能達到理想水平的人。不過，實際上我們很難對成千上萬工人的努力進行監控。他們可能每天按時上下班，但他們可能漫不經心，從而降低了他們的工作質量，哪怕是制定了非常嚴厲的懲罰措施。人們還發現，要在毫無物質激勵的前提下提高工作質量，簡直難於登天。它使人們陷入一個惡性循環，在前蘇聯，工人中有這樣一句話描述自己和政府：「我們假裝工作；他們假裝支付我們的工資。」

二十世紀最重要的思想家之一哈耶克指出：絕對的平等是不可能的，一定程度的不平等，不但是應當的，而且是必須的。無論是科技進步、商品生產和生活提高，都不可能是齊頭並進，而是由少數人向多數人的不斷擴展。如果不允許少數人提前享受進步成果，多數人的共同進步也就無從談起。

帕累托效率也意味著：如果資源已經被充分利用，要想再改善某些人的處境就必須損害其他人了，就說這個經濟已經實現了帕累托效率，或者說已經達到了帕累托最優。

博奕說明，非合作博奕的結局常常不是帕累托最優的。這種情況的博奕雖然只有兩個局中人，但是它的結局其實就是「三個和尚沒水喝」的結局。事實上，兩人博奕也能說明不少「多人博奕」的前景。三個和尚沒水喝的局面是可以作帕累托改善的：設想有人協調一下，安排一個輪流挑水或提水的制度，三個和尚的處境都會得到改善。

如果用「帕累托改善」來看社會公德（這也是一種「公共資源」）建設，我們會發現一些值得深思的問題。做好事該不該要報償？在我們的印象裏，傳統文化是恥于談錢的，一個行善的人，就是品德高尚的人，這樣的人就應該是重義輕利的。

但是經濟學家不這麼看。他們認為：做好事就是促進人群福利的行為（經濟學稱之為「有效率的」行為），這種行為不但應該鼓勵，而且必須鼓勵。只有這樣，才會不斷促進社會福利的提高。怎麼鼓勵呢？人都是自私的，總要追求自身的利益，所以給予報償是最有效的。

這聽起來好像叫人不太舒服，其實，中國人的「道德宗師」孔子在兩千年前，就提出過這一問題。

春秋時期，魯國有這樣一條法律：如果魯國人在其他國家中遇見淪為奴隸的魯國人，可以墊錢把這個奴隸贖出來，回國後再到國庫去報銷。孔子的弟子子貢曾花錢贖出一個已淪為奴隸的魯國人，但事後並不到國庫去報賬，以顯示自己追求仁義的決心與真誠。孔子知道此事後，對子貢說：「我知道你追求高尚，也不缺錢花，可是這個補償你一定要去領。因為你自己掏錢救人，會受到社會的讚揚。」但今後，當別人在國外再遇見淪為奴隸的魯國人時，他就會想墊不墊錢去贖人？如果墊錢贖了人，回國後去不去報賬？不去報賬，豈不是白白丟掉一大筆錢；如果去報賬，豈不是在行為上會遭旁人譏笑，顯得自己的品格不高？於是就會裝做沒有看見，這樣一來，你的高尚行為豈不是阻礙了對至今仍淪為奴隸的魯國人的解救？

另一個故事是孔子的另一位弟子有一次見到有人掉在水裏，他跳下水去，把遇難者救上岸來，被救者酬謝這位弟子一頭牛，他收下了。孔子對這個學生的行為大加讚賞。就是因為這會激勵更多的人去救人，將會使今後有更多的溺水者受到營救。

如果德行善舉得不到報償，那麼它就只能是少數人的「專利」而不會成為社會公德。以職業道德為例：改革開放以前，儘管輿論大力宣傳一些各行各業的勞模、先進人物的事務，但整個社會的職業道德水平卻很低，營業員申斥顧客、工人消極怠工之類的現象很普遍。隨著市場經濟的建立，儘管有人感歎拜金主義對傳統道德造成了衝擊，但不可否認，社會職業道德水平在不斷提高，作為消費者，我們可以

享受微笑服務而不必到處生氣了。不要小看這些，更不要因為這些微笑「只是為了賺錢」而斥之為虛偽，消費者和商家都能獲益，這才是真實、穩定的「雙贏」。相反，如果肯對你微笑的只有「毫不利己，專門利人」的聖賢才是值得憂慮的，天下攘攘，能有幾個聖賢呢？

25 三個快槍手的對決

在多人博奕中，常常會發生一些奇奇怪怪的事情，並導致出人意料的結局。一方能否獲勝，不僅僅取決於他的實力，更取決於實力對比造成的複雜關係。

在一個西部小鎮上，三個槍手正在進行生死決鬥，槍手甲槍法精准，十發八中；槍手乙槍法不錯，十發六中；槍手丙槍法拙劣，十發四中。假如三人同時開槍，誰活下來的機會大一些？

假如你認為是槍法精准槍手甲，結果可能會讓你大吃一驚：最可能活下來的是丙——槍法最劣的那個傢夥。

假如這三個人彼此痛恨，都不可能達成協定，那麼作為槍手甲，他一定要對槍手乙開槍。這是他的最佳策略，因為此人威脅最大。這樣他的第一槍不可能瞄準丙。

同樣，槍手乙也會把甲作為第一目標，很明白，一旦把他幹掉，下一輪（如果還有下一輪的話）和丙對決，他的勝算較大。相反，如果他先打丙，即使活到了下一輪，與甲對決也是凶多吉少。

丙呢？自然也要對甲開槍，因為不管怎麼說，槍手乙到底比甲差一些（儘管還是比自己強），如果一定要和某個人對決下一場的話，選擇槍手乙，自己獲勝的機會要比對決甲多少大一點。

於是第一陣亂槍過後，甲還能活下來的機會少得可憐（將近10%），乙是20%，丙是100%。

透過機率分析，你會發現丙很可能在這一輪就成為勝利者，即使某個對手幸運地活下來，在下一輪的對決中，也並非十拿九穩，畢竟丙還有微弱的機會。

透過這個故事，你可能會理解以下「定理」：才華出眾者創造歷史；碌碌無為者繁衍子孫。

我們知道，有時勝負是由規則決定的，現在換一種玩法：三個人輪流開槍，誰的機會更大？

這裏我們又要遇到瑣碎的排序問題，但不管怎麼排，丙的機會都好於他的實力。至少，他不會被第一槍打死。而且，他很可能占在第二輪首先開槍的便宜。

例如，順序是甲、乙、丙，甲一槍幹掉了乙，現在，就論到丙開槍了——儘管

槍法不怎麼樣，但這個便宜還是很大的：那意味著他有將近一半的機會贏得這次決鬥（畢竟甲也不是百發百中）。如果乙幸運地躲過了甲的攻擊呢？他一定要回擊甲，這樣即使他成功，下一輪還是輪到丙開槍，自然，他的成功機率就更大了。

問題來了：如果三人中首先開槍的是丙，他該怎麼辦？

他可以朝甲開槍，即使打不中，甲也不太可能回擊，畢竟這傢夥不是主要威脅，可是萬一他打中了呢？下一輪可就是乙開槍了……

因此，丙的最佳策略是亂開一槍！只要他不打中任何人，不破壞這個局面，他就總是有利可圖的。

這個故事告訴我們：在多人博奕中，常常會發生一些奇奇怪怪的事情，並導致出人意料的結局。一方能否獲勝，不僅僅取決於他的實力，更取決於實力對比造成的複雜關係。

你可能已經發現，乙和丙似乎達成了某種默契：在甲被幹掉之前，他們相互不是敵人。

這不難理解，畢竟人總要優先考慮對付最大的威脅，同時這個威脅還為他們找到了共同利益，聯手打倒這個人，他們的生存機會都上升。而且，從悲觀的角度看，他們恐怕也活不到需要相互拼個你死我活的時候。

但這個「同盟」也是很不牢固的，兩個人都在時時權衡利弊，一旦背叛的好處大於默契的好處，他們馬上就會翻臉。

在這個「同盟」裏，最忠誠的是乙——只要甲不死，他就不會背叛；丙就要滑頭多了，在前面輪流開槍的例子中，他不朝甲開槍，從同盟者的角度說，就是沒有履行義務，而把盟友送上危險的境地。乙是甲的頭號目標，這個敵人一定要向他開槍的，完全沒有迴旋的餘地；而丙不同，他隨時願意犧牲乙換取下次自己的先手之利。

除了壓力較小之外，而且還有一個動力驅使丙背叛，那就是一旦幹掉甲後，乙的機會比他要大，他至少要保持先下手，才可能一爭高下。

三國的曹、劉、孫三家關係，就是「槍手博奕」很典型、也很有趣的例子。「赤壁之戰」中，曹操實力最強，孫權次之，劉備最弱。孫、劉都無法單獨對抗曹操。為了抵擋最強大的曹操，孫劉必須聯合起來。孫權擁有六個郡的地盤和數萬軍隊，而劉備沒有地盤，只有不足兩萬人馬。用前面的例子來比，孫權是乙，劉備是丙。

我們已經知道，乙是這個「暫時聯盟」中較肯賣力的一方，所以孫權不但「火燒赤壁」打敗曹操，更在此後還長期承擔了對抗曹操的主要任務。而劉備雖在赤壁之戰中也出了力，但此後幾年未與曹操打過大仗（也就是沒有盡聯盟義務）。倒是趁此機會掃蕩地方勢力，擴充地盤，直至佔據兩川，將曹操趕出漢中，又派關羽北

伐，水淹七軍，不但取代了孫權原來的老二地位，甚至有可能擊敗曹操，成為新的老大。孫權地位跌落到老三，他的策略也隨之改變。

於是孫權趁關羽北伐後方空虛之機，與曹操合謀，奪取了荊州，殺死關羽。結果是同盟破裂，劉備興兵報仇，又被孫權打敗。蜀漢從此衰落，東吳也面臨了兩面作戰的不利局面。

如果分析一下孫權的心理，我們可能對他的背信棄義有更多同情。赤壁之戰儘管符合他的利益，但到底是他出力挽救了劉備，此後他不但把荊州長期借給劉備，還把妹妹嫁給了這個老頭子。他盡了同盟的義務，曾與曹操大戰數次，不僅損兵折將，而且他自己也險些送命。可是從收益上說，他與劉備是「牛打江山馬坐殿」，感到不平衡是正常的。

可是從博奕論來看，孫權卻犯了一個大錯誤，由於嫉妒，他過早和劉備翻臉，致使兩敗俱傷。這就好比槍手丙突然翻臉向乙開火。坐收漁利的當然是甲。雖然曹操的繼任者曹丕沒能抓住機會夾攻孫權，一舉消滅這兩個敵手，但蜀和吳此後已經沒有可能打敗魏國了。

那麼，孫權的最優策略是什麼？回想上一節的槍手決鬥就明白了。既然已經落到丙的地位，就該以丙的策略行事。讓劉備去和曹操惡鬥，自己擴充勢力，養精蓄銳，隨機應變。無論兩者勝負，自己都能從中漁利。

這個問題是博奕論中諸多問題中典型的一個。其基本前提是每位參賽者都是有理性的，而且都是力圖為自身利益考慮。這個問題的一項教益在於，顯而易見的策略——每位參賽者都試圖除掉較強的對手——並不一定是好策略。這就是人們認為解法是反直覺的解釋。當然，由於你更進一步地瞭解博奕論，那麼你的直覺就會改變，而且如果它是完全意想不到的話，則意想不到的局面就會更加意想不到。槍戰決鬥的另一項教益是，在缺乏有關參賽者能否聯絡、共謀、進行威脅或達成有約束力並可以實施的協定等資訊的情況下，對可能的解法是不能進行正確評估的。在博奕論中，往往需要瞭解這樣的社會學因素。

26 雜貨鋪定位問題

在漫長的競選過程中，雖然兩黨的攻擊和謾罵不斷升級，但是實際綱領卻不斷靠近，直到兩個政黨在中間點緊挨在一起。

上一節講的槍戰決鬥更類似於政治或經濟的競爭。按照紐約大學政治學教授斯蒂溫·布拉姆斯的看法：槍戰決鬥的知識可以擴展到多位候選人的政治競選上，這些候選人的最佳戰略，莫過於在他的部分政治勢力範圍內追隨最強的對手。

如果你是一個自由主義者，而且另外還有兩位自由主義者，那麼你就要追隨最強的一位。於是所發生的情況將是兩位最強的對手就會彼此攻擊，而且最弱者就會存留下來了。」這時，如果所發生的情況全面出現，那麼最弱的候選人就會在其政治勢力範圍內幸存下來。現代西方民主政治中的黨派之爭，是如何避免「三個快槍手」無休無止的廝殺呢？答案是「兩個雜貨鋪」。

雜貨鋪定位問題最早是由美國經濟學家霍特林提出來的（即霍特林模型）。這一模型常被用來說明西方兩黨政治的若干現象。

所謂雜貨鋪定位問題，簡單說就是：在一條街道上有兩家雜貨鋪，為了爭取更多顧客，兩家雜貨鋪都趨向於把店鋪設在街道中心點，最後的均衡是，兩家雜貨鋪都開設在整條街的中點，緊緊挨在一起。

西方一些大國，都有相似的兩黨政治。在英國是保守黨和工黨輪流執政，在美國則是共和黨和民主黨輪流坐莊。民主黨和工黨一般被認為是「左派」，傾向于標榜代表勞工階層的利益，共和黨和保守黨則是「右派」，站在企業主一邊。在競選的時候，人們可以發現，兩黨互相攻擊越來越厲害，可是實際政治綱領卻越來越靠近。等到一個政黨獲勝取代對手上臺以後，選民發現，新政府較老政府並沒有多少實質性的改變。為什麼會這樣呢？進一步，為什麼這些西方大國都會出現兩黨政治呢？

實際情況就和雜貨鋪定位博奕一樣。工黨一定要打出勞工代言人的旗幟，所以它是站在左邊的，左邊是它的地盤。但是只有左邊一半的選民，還不足以保證勝出。為了在競選中獲勝，它要想辦法把中間的在兩黨之間搖擺的選民爭取過來。最好的辦法就是使自己的競選綱領向「右」的方向靠過去一點，即在競選中宣佈也要照顧中產階級的利益，甚至兼顧企業主發財。移過去一點，地盤就可能大一點。同樣，原來立黨之本是在「右」邊的保守黨，在競選的過程中也要往左邊靠，以爭取更多的選民。這樣鬥法的結果，在漫長的競選過程中，雖然兩黨的攻擊和謾罵不斷升級，但是實際綱領卻不斷靠近，直到兩個政黨在中點緊挨在一起。

接下來，我們再來看一下，如果存在第三個政黨，為什麼第三個政黨難成氣候？這是因為在上述假定條件之下，如果三個政黨的位置不相同，不在同一個點上，那麼至少有一個政黨單獨位於一端，它就有向內擠壓的動機，道理和前面論述的一樣，所以這時候不是穩定的局面。如果三個黨都位於中點，那麼誰單獨跳開一點點，誰就會取勝，所以也是不穩定的局面，這是因為從中心跳開一點（無論向左向右）的時候，至少那一邊的選民都會投它的票，例如，向左一點，左邊的選民就會選它；而另一邊的選民要由留在中點的兩個政黨來瓜分，這兩個黨各自的得票，就都比不上跳開的那個黨。同樣，如果三個政黨位於同一點，但是這一點不是中點，那麼誰單獨向中點稍微移動一點點，它就會佔便宜，這是因為從旁邊向中點移動一點的時

候，多數選民都會投它的票，而另外兩個政黨則只能平分不到總數一半的選民。

三個黨不在一起不穩定，三個黨全在中點也不穩定，三個黨全在另外一點更不穩定，總之一句話，就是三黨政治不會穩定。或者換一個角度理解，即綱領變化無常的政黨不會有較強的生命力。

這個政黨綱領向中點移動的機制，也說明西方兩黨政治的欺騙性，競選的時候，怎樣有利於拉票就怎樣講，當選以後可以忘得一乾二淨。從這個意義上說，以為哪個政黨上臺這些西方國家的政治態度就會根本改變是靠不住的。

27 小豬躺著大豬跑

「智豬博奕」有許多應用，它可以解釋為什麼佔有更多資源者必須承擔更多的義務。

「智豬博奕」是一個著名的博奕論模型。

籠子裏有兩頭豬，一頭大豬，一頭小豬。籠子很長，一頭有一個按鈕，另一頭是飼料的出口和食槽。按一下按鈕，將有相當於十份的豬食進槽，但是按按鈕以後跑到食槽所需要付出的「勞動」，加起來要消耗相當於二份的豬食。問題是按鈕和食槽分置籠子的兩端，按按鈕的豬付出勞動跑到食槽的時候，坐享其成的另一頭豬早已吃了不少。

如果大豬先到，大豬呼啦啦吃到九份，小豬只能吃到一份；

如果同時到達，大豬吃到七份，小豬吃到三份；

如果小豬先到，小豬可以吃到四份，而大豬吃到六份。

「智豬博奕」的具體情況如下：

如果兩隻豬同時按鈕，同時跑向食槽，大豬吃進七份，得益五份，小豬吃進三份，實得依份；

如果大豬按按鈕後跑向食槽，這時小豬搶先，吃進四份，實得四份，大豬吃進六份，付出二份，得益四份；

如果大豬等待，小豬按按鈕，大豬先吃，吃進酒份，得益九份，小豬吃進一份，但是付出了二份，實得一份；如果雙方都懶得動，所得都是〇。

比較以上數位，我們知道「等待」是小豬的優勢策略，「按按鈕」是小豬的劣勢策略。

現在來看大豬。由於小豬有「等待」這個優勢策略，大豬只剩下了兩個選擇：等待，一份不得；按按鈕，得到四份。所以「等待」就變成了大豬的劣勢策略（注意，是現在才變成劣勢策略）。

因此就得到「智豬博奕」的結局：

小豬將選擇「搭便車」的策略，也就是舒舒服服地等在食槽邊；而大豬則會不知疲倦地奔忙于按鈕和食槽之間。小豬只是坐享其成地等待，每次都是大豬去按按鈕，小豬先吃，大豬再趕來吃。

「智豬博奕」有許多應用，它可以解釋為什麼佔有更多資源者必須承擔更多的義務。

歐佩克的一個重要特點是其成員的生產能力各不相同。沙烏地阿拉伯的生產能力遠遠超出其他成員。同屬一個同盟的大成員和小成員，他們的作弊激勵是不是一樣大？

為了簡化這個問題，我們只看一個小成員，即科威特。假定在合作的情況下，科威特應該每天生產一百萬桶石油，沙烏地阿拉伯則生產四百萬桶。對於它們兩家，作弊意味著每天多生產一百萬桶。換言之，科威特有兩種選擇，分別是一百萬桶和二百萬桶；沙烏地阿拉伯則為四百萬桶和五百萬桶。基於雙方的不同選擇，投入市場的總產量可能是五百萬桶、六百萬桶或七百萬桶。

科威特有一個優勢策略：作弊，每天生產二百萬桶。沙烏地阿拉伯也有一個優勢策略：遵守合作協定，每天生產四百萬桶。沙烏地阿拉伯一定遵守協定，哪怕科威特作弊也一樣。「囚徒困境」就此破解。

為什麼會這樣？沙烏地阿拉伯出於純粹的自利心理，有一個合作的激勵。假如它有一個較低生產數量，則市場價格攀升，歐佩克全體成員的邊際利潤上揚。假如它的產量只占歐佩克總產量一個很小的份額，它自然不會發現，原來向整個聯盟提供這種「公共服務」對自己也有好處。不過，假如它的份額很大，那麼，上揚的邊際利潤會有很大一部分落在它手裏，因此犧牲一些產量也是值得的。這也是我們選做例子的兩個國家的抉擇。這個例子描述了走出「囚徒困境」的另一個途徑：找出一個大慈善家，讓它遵守合作協定，並容忍其他人作弊。

「小豬躺著大豬跑」的現象，是由於故事中的遊戲規則所導致的。規則的核心指標是：每次落下的食物數量和踏板與投食口之間的距離。

如果改變一下核心指標，籠子裏還會出現同樣的「小豬躺著大豬跑」的景象嗎？試試看。

改變方案一：減量方案。

投食僅是原來的一半分量。結果是小豬、大豬都不去按按鈕了。因為小豬去按，大豬將會把食物吃完；大豬去按，小豬也會把食物吃完。誰去按按鈕，就意味著為對方貢獻食物，所以誰也不會有按按鈕的動力了。如果目的是想讓豬去多按按鈕，這個遊戲規則的設計顯然是失敗的。

改變方案二：增量方案。

投食為原來的一倍分量。結果是小豬、大豬都會去按按鈕。誰想吃，誰就會去

按按鈕。反正對方不會一次性把食物吃完。

對於遊戲規則的設計者來說，這個規則的成本相當高（每次提供雙份的食物），而且因為競爭不強烈，想讓豬們去多按按鈕的效果並不好。

改變方案三：減量加移位方案。

投食僅當原來的一半分量，但同時將授食口移到踏板附近。結果呢，小豬和大豬都在拼命地搶著按按鈕。等待者不得食，而多勞者多得。每次的收穫剛好消費完。

對於遊戲設計者，這是一個最好的方案。成本不高，但收穫最大。

「智豬博奕」故事給了競爭中的弱者（小豬）以等待為最佳策略的啟發。但是對於社會而言，因為小豬未能參與競爭，小豬搭便車的社會資源配置並不是最佳狀態。為了使資源最有效配置，規則的設計者是不願看見有人搭便車的，政府如此，公司的老闆也是如此。而能否完全杜絕「搭便車」現象，就要看遊戲規則的核心指標設置是否合適了。

比如，公司的激勵制度設計，獎勵力度太大，又是持股，又是期權，公司職員個個都成了百萬富翁，成本高不說，員工的積極性並不一定很高。這相當於「智豬博奕」增量方案所描述的情形。但是如果獎勵力度不大，而且見者有份（不勞動的「小豬」也有），一度十分努力的大豬也就不會有動力了，就像「智豬博奕」減量方案所描述的情形。最好的激勵機制設計就是像改變方案三那樣，減量加移位的辦法，獎勵並非人人有份，而是直接針對個人（業務按比例提成），既節約了成本（對公司而言），又消除了「搭便車」現象，能實現有效的激勵。

28 膽小鬼的博奕

「膽小鬼博奕」是一種極具風險的競爭博奕，應極力避免的。但是一旦捲入其中，惟一的指望就是按規則博奕。

「膽小鬼博奕」是博奕論中的一個著名案例。

設想在一段筆直道路的兩端各有一個司機駕駛著自己的汽車開足馬力向對方沖去。在這一過程中，誰膽怯退避讓路誰就被稱為「膽小鬼」；誰毫不避讓最終停在道路中央，誰就被視為英雄。顯然，如果雙方都停在道路中央，結果將是災難性的。但是，如果雙方都退避讓路，他們雖然都安然無恙但卻都成了「膽小鬼」。如果一個勇往直前而另一個退避讓路，則前者就會非常榮耀並享有較高的滿足感。

司機A如果認為對方會勇往直前，那麼他就會選擇退避讓路，如果他判斷對方會退避讓路，那麼他更願意勇往直前。司機B的想法也同樣如此。因此該博奕有兩個滿意的解：

司機A勇往直前，司機B退避讓路；

司機B勇往直前，司機A退避讓路。

這是兩種可能的結果，博奕本身並不能告訴我們究竟哪個司機選擇哪個策略，這要由別的因素來確定。但是對兩個司機來說，他們都要極力聲稱勇往直前來威脅對方，而希望對方受到恐嚇後退避讓路。

如果一方退下來，而對方沒有退下來，對方獲得勝利，自己則很丟面子；如果對方也退下來雙方則打個平手；如果自己沒退下來，而對方退下來，自己則勝利，對方則失敗；如果都前進，那麼則兩敗俱傷。

在這個博奕中有兩個納什均衡：一方前進，另一方後退。但關鍵是誰進，誰退？一個博奕，如果有惟一的納什均衡點，那麼這個博奕是可預測的，即這個納什均衡點就是事先知道的惟一的博奕結果。但是如果博奕有兩個或兩個以上的納什均衡點，則無法預測出一個結果來。

用這個博奕來解釋美蘇兩個超級大國之間的古巴導彈危機，是最合適不過的了。

面對美國的反應，前蘇聯面臨著是將導彈撤回國還是堅持部署在古巴的選擇？而對於美國，則面臨著是挑起戰爭還是容忍前蘇聯的挑釁行為的選擇？也就是說，雙方均在考慮採取進的策略還是退的策略？

戰爭的結果當然是兩敗俱傷，而任何一方退下來（而對方不退）則是不光彩的事。結果是前蘇聯將導彈從古巴撤了下來，做了丟面子的「撤退的雞」。美國堅持了自己的策略，做了「不退的雞」。當然，為了給前蘇聯一點面子，同時也擔心前蘇聯堅持不退而發生美蘇戰爭——這是美國不願意看到的，美國象徵性地從土耳其撤離了一些導彈。古巴導彈危機是冷戰期間美蘇兩霸之間發生的最嚴重的一次危機。

這就是美國與前蘇聯在古巴導彈上的博奕結果。對於前蘇聯來說，退下來的結果是丟了面子，但總比戰爭要好；對美國而言，既保全了面子，又沒有發生戰爭。

在「膽小鬼博奕」中儘管兩敗俱傷是要付出代價的，但並不意味著不能達成。如果前進的一方給後退的一方一定的補償，只要這種補償可以與損失相當，就會有願意退讓者。因此雙方就可以對補償進行談判，最後造成以「補償換通過」的協定，問題就解決了。

當然，要達成協定，雙方必須換位思考。考慮自己得到多少補償才願意退，並用自己的想法來理解對方。博奕中經常有妥協，雙方能換位思考就可以較容易地達成協定。只從自己立場出發考慮問題，不願退，又不想給對方一定的補償，僵局就難以打破。

「膽小鬼博奕」同樣可以用來分析價格戰。

發生在美國繁忙路段的汽油價格戰就是一例。同一路段加油站的汽油定價通常

基本相同，如若調整價格也會在同一天一起行動。儘管某一個加油站可以透過降價獲得暫時的利益但考慮到肯定很快就會遭到競爭對手的報復，最後導致兩敗俱傷的結果時，他們會放棄降價這種做法。但這種不成文的默契是不穩定的，總是被一次次地打破，因此汽油價格戰就會不時地爆發，但通常極為短暫。

在商場上，如果商家之間的競爭關係類似于「膽小鬼博奕」，那麼公商家可以選擇的策略如下：

策略一：威脅

用行動證明如果競爭對於背叛已形成默契的價格約定，那麼公司會採取嚴厲的報復行動，快速而堅決地對任何降低價格的行為作出積極反應。

策略二：懲罰

嚴正表明降低價格的行動會導致災難性的甚至是自殺性的後果。雖然不要簡單地跟隨競爭對手的價格，但對降價行為要採取懲罰性的措施，盡可能地降低公司產品的價格，直到不能承受為止。

以上策略意在向競爭對手表明，來自市場某一方的降價行為將很可能會招致競爭對手明確的、相互毀滅性的反應行動。

「膽小鬼博奕」表明了將自己的意圖傳達給競爭對手的重要性和價值所在。如果競爭對手認為公司會像「膽小鬼博奕」中的某個司機一樣瘋狂到最終要停在道路的中央——在價格戰上與它們決戰到底，那麼競爭對手對自己的降價行動就會三思而後行。

假設有兩家企業打算進入本地市場，但那裏的空間只夠讓一家企業賺錢。在這個例子中，兩家企業都想要讓對方相信，自己有十足的決心留在市場上，但雙方也都希望提出一套計劃，以便在競爭對手活下來的時候退出市場。有趣的是，兩家企業可能都很歡迎對方來試探他們。

假如對手摸清了你的底細，他就贏定了，但在膽小鬼博奕中，假如對手知道你的策略，而且這項策略和強硬有關，那麼你就會成為贏家。因此，假如你覺得自己能表現出一夫當關的氣概，你就應該對對手來試探你的舉動表示歡迎。

事實上，假如你試圖反擊試探的舉動，災難反而會發生。假設你告訴對手說，你絕對會進入這個小市場。你希望他相信你，這樣他就不會想要進來了。但我們再假設，對手派了一個間諜到你的企業來打聽，你是不是真的打算進入市場。假如你把這個間諜趕走，對手的心裏會怎麼想？假如你知道間諜會跟對手報告說，你真的打算進入市場，你一定會張開雙手歡迎他。但由於你回絕了間諜的企圖，對手應該就會懷疑你有所隱瞞。只有在一種情況下，你才要隱瞞，那就是你並沒有進入的決心。不歡迎間諜等於是告訴別人說，你可能是個膽小鬼。

既然在膽小鬼博奕中，看法代表了一切，所以你只要被別人視為膽小鬼，你就

真的會變成膽小鬼。因此，膽小博奕中有一件事很重要，那就是千萬不要阻止對手來打探你的行動。

只有當你採取強硬策略的決心很薄弱時，他才會想要隱瞞。所以在膽小博奕中，你不能讓間諜完全掌握不到你的行動，因為掩飾的動作會讓人看出你的想法。把間諜拒于門外等於是把他想知道的一切都告訴了他。

當有好幾家公司在從事類似的研究時，往往就會形成「尋寶」的局面。美國的專利制度規定，當某種有用的發明出現時，該發明的一切權利都屬於第一家發現的公司所有。假如我早你一天提出這項發明，專利權就屬於我，而你只好向你的股東解釋說，為什麼你會花這麼多錢研究。

公司應該願意為價值一千萬美元的專利投入多少錢？它們應該都願意出錢，但金額應該不包括一千萬美元。現在假設有好幾家企業同時想爭取某一種專利，而且它們都已經花了將近一千萬美元在上面，那麼大多數的企業都會賠錢，只有當你知道自己的研究真的能取得專利時，這項專利才值得花將近一千萬美元來研究。假如有好幾家企業在角逐同樣類型的專利，而你們公司顯然無法確定所投入的研究能否獲得回報，那麼不要來趟渾水可能才是上策。

當然，假如你連試都不試，其他的企業一定很開心。如此一來，它們就會很希望讓你知道，他們看上了某種專利。我們通常都認為公司喜歡把研究方案視為機密，這樣其他的企業才不會竊取自己的點子。但如果是碰到爭取專利的膽小鬼博奕，那麼把你的研究目標昭示天下才是最好的策略。企業會故意說謊，並誇大自己爭取專利的決心，一切就跟其他的膽小鬼博奕沒什麼兩樣。

但如果是企業準備賣股票，那麼證券法可能就會禁止企業對本身的研究標的提出太離譜的說辭。

舉例來說，DEMO版軟體就是膽小博奕下的產物，它是指公司已經宣佈但並未完成的軟體。假設某種新的商業軟體有一千萬美元的市場，但開發這種軟體要花掉公司七百萬美元。你想要佔領這個市場，但又不想立刻開發這種新軟體。假如競爭對手知道你要一年後才會開始推出這種軟體，他們就會立刻著手開發，進而自行佔領這個市場。但你可以先用實驗性軟體把市場保住，等日後再來佔領。

你可以故意宣佈說，你的軟體會在一年內推出。假如這項消息被相信的話，有意加入的企業應該就會知難而退。

在膽小博奕中獲勝的關鍵在於，要讓對手相信你絕對不會稍有退卻。對於對手試探你的舉動，你應該表示歡迎。但如果你知道對手絕對會硬幹到底，那最好的策略就是當個膽小鬼。

「膽小鬼博奕」是一種極具風險的競爭博奕，是許多公司極力避免的。但是一旦捲入「膽小鬼博奕」，公司惟一的指望就是按規則博奕。將自己的意圖傳達給競

爭對手是非常重要的，通過對競爭對手的降價行動作出堅決而迅速的回應，可以告誡對方價格也將使它自己付出高昂代價。

還有人給這種博奕提出另一種解，即外力的干預。這裏再說一個外力干預打破困境的例子。

一九七一年，在「禁菸運動」的聲勢下，美國國會通過了禁止在電視上做菸草廣告的法律。令許多人奇怪的是，這一回財大氣粗的菸草公司反應相當平靜，並沒有動用其龐大的社會資源和影響力阻止這個法律的通過。而且，後來的統計資料表明：儘管菸草廣告因受到限制而減少，可是菸草公司的利潤卻提高了。

你是否知道菸草公司為什麼不反對，甚至可能還歡迎這項法律？因為這個禁令使它們從「囚徒困境」中解放了出來。

菸草行業同樣競爭激烈，為了爭奪市場，各大菸草公司都必須大做廣告。為此，它們每年都要花費鉅額廣告費用，這無疑降低了它們的利潤水平。也就是說，如果菸草公司都不做廣告，它們的利潤要更高。可是，如果其中一家公司不做廣告，它的市場份額就會被其他公司搶走。這正是一個囚徒困境：你合作，對方不合作，你就吃虧了。在這種情況下，做廣告就是優勢策略。那麼，菸草公司能否達成都不做廣告的協定呢？不能，因為誰遵守協定，就很可能被對手耍弄。

現在好了，菸草公司做不到的，國家為它做了：法律起到了協定的作用，而政

府承擔了監督的成本，菸草公司又何樂不為呢？

有沒有比自己更大的笨蛋？投機行為的關鍵是判斷「有沒有比自己更大的笨蛋」，只要自己不是最大的笨蛋，那麼自己就一定是贏家。

經濟學家凱因斯為了能專注地從事學術研究，免受金錢的困擾，曾出外講課以賺取課時費，但課時費的收入畢竟是有限的。於是他在一九一九年八月，借了幾千英鎊去做遠期外匯這種投機生意。

僅僅四個月時間，凱因斯淨賺一萬多英鎊——這相當於他講課時年的收入。但三個月之後，凱因斯把賺到的利潤和借來的本金虧了個精光。七個月之後，凱因斯又涉足棉花期貨交易，又大獲成功。

凱因斯把期貨品種幾乎做了個遍，而且還涉足於股票。到一九三七年他因病而「金盆洗手」的時候，已經積攢起一生享用不完的鉅額財富。

與一般賭徒不同，作為經濟學家的凱因斯在這場投機的生意中，除了賺取可觀的利潤之外，最大也是最有益的收穫是他發現「笨蛋理論」，也有人將其稱為「博傻理論」。

什麼是「博傻理論」呢？凱因斯曾舉過這樣一個例子。

從一百張照片中選出你認為最漂亮的臉，選中有獎。但確定哪一張臉是最漂亮的要由大家投票來決定的。

試想，如果是你，你會怎樣投票呢？此時，因為有大家的意見參與，所以你的正確策略並不是選自己真的認為漂亮的那張臉，而是猜多數人會選誰就投誰一票，哪怕醜得不堪入目。在這裏，你的行為是建立在對大眾心理猜測的基礎上，而並非是你的真實想法。

凱因斯說：「專業投資大約可以比做報紙舉辦的比賽，這些比賽由讀者從一百張照片當中選出六張最漂亮的面孔，誰的答案最接近全體讀者作為一個整體得出的平均答案，誰就能獲獎；因此，每個參加者必須挑選的並非他自己認為最漂亮的面孔，而是他認為最能吸引其他參加者注意力的面孔，這些其他參加者也正以同樣的方式考慮這個問題。現在要選的不是根據個人最佳判斷確定的真正最漂亮的面孔，甚至也不是一般人的意見認為的真正最漂亮的面孔。我們必須作出第三種選擇，即運用我們的智慧預計一般人的意見，認為一般人的意見應該是什麼……這與誰是最漂亮的女人無關。你關心的是怎樣預測其他人認為誰最漂亮，又或是其他人認為其他人認為誰最漂亮……」

在報紙的選美比賽中，讀者必須同時設身處地從其他讀者的角度思考。這時，他們選擇勝者與其說取決於真正的或絕對的美麗的標準，不如說是努力找出大家的期待是不是落在某個焦點之上。假如某個參加選美的女子比其他女子漂亮很多倍，她就可以成為一個萬眾矚目的焦點。不過，讀者的工作就沒那麼簡單。假定這一百個決賽選手簡直不相上下，最大的區別莫過於頭髮的顏色。在這一百人當中，只依個紅頭髮的姑娘。你會不會挑選這位紅頭髮的姑娘？

讀者的工作，是在缺乏溝通的情況下，確定人們究竟將會達成怎樣的共識。「選出最漂亮的姑娘」可能是書面規則，但這可比選出最苗條、頭髮最紅或兩顆門牙之間有一條有趣的縫隙的姑娘艱難得多。任何可以將她們區別開來的東西，都可以成為一個焦點，使大家的意見得以會聚一處。出於這個理由，當我們發現當今世界最美麗的模特其實並不具備完美體態，我們就不會感到驚訝；實際上，她們只是近乎完美而已，卻都有一些有趣的瑕疵，這些瑕疵使她們各具特色，成為一個焦點。

生活中有很多例子與這個模型是相同的。比如「十佳運動員」的評選，在這些投票過程中，對於每個投票者的激勵是：他如果「正確地」選中某些人，不僅要選中十個人，而且順序也要正確，那麼投票者將獲得某種獎勵。但是如何才能選中「正確的」人選呢？有「正確的」人選嗎？得票多的就是正確的嗎？或者嚴格地說，得票最多的是第一名（比如「十佳運動員」中的第一），得票次之的是第二名（如「十佳」運動員的第二名），等等。因此，投票者能夠選中的話，或者說被他提名的能夠「當選」的話，關鍵是猜測別人的想法，猜測對了你就能獲勝，猜測錯了，你則不能獲獎。在這裏，我們可以看到沒有正確與否，或者誰應該選上、誰不應該選上的問題，而是投票的人相互猜測的結果（當然，在這個過程中輿論的導向作用是很

大的，它似乎告訴人們某某人是其他許多人所要選的）。

其實，在期貨與股票市場上，人們所遵循的也是這個策略。人們之所以完全不管某個東西的真實價值（即使它一文不值），而願意花高價購買，是因為他們預期有一個更大的笨蛋，會花更高的價格，從他們那兒把它買走。比如說，你不知道某個股票的真實價值，但為什麼你會花二十塊錢去買一股呢？因為你會預期當你提出時會有人花更高的價錢來買它。

「博傻理論」所要揭示的就是投機行為背後的動機，投機行為的關鍵是判斷

29 有沒有比自己更大的笨蛋？

只要自己不是最大的笨蛋，那麼自己就一定是贏家，只是贏多贏少的問題。如果再沒有一個願意出更高價格的更大笨蛋來做你的「下家」，那麼你就成為了最大的笨蛋。可以這樣講，任何一個投機者所信奉的無非就是「更大笨蛋」的理論。

一五九三年，一位維也納的植物學教授到荷蘭的萊頓任教，他帶來了在土耳其栽培的一種荷蘭人此前沒有見過的植物——鬱金香。沒想到荷蘭人對它如癡如醉，於是，教授認定可以大賺一筆，他的售價高到令荷蘭人只有去偷。一天深夜，一個

竊賊破門而入，偷走了教授帶來的全部鬱金香球莖，並以比教授的售價低得多的價格很快把球莖賣光了，就這樣鬱金香被種在了千家萬戶荷蘭人的花園裏。

後來，鬱金香受到花葉病的侵襲，病毒使花瓣生出一些反襯的彩色條或「火焰」形色條。誰知這種病鬱金香卻成了珍品，以至於一個鬱金香球莖越古怪價格越高。於是有人開始囤積病鬱金香，又有更多的人出高價從囤積者那兒買入並以更高的價格賣出。一個快速致富的神話開始流傳，貴族、農民、女僕、煙囪清掃工、洗衣老婦等人都先後卷了進來，每一個被捲進來的人都相信會有更大的笨蛋願意出更高的價格從自己那兒買走鬱金香。一六三八年，最大的笨蛋出現了，持續了五年之久的鬱金香狂熱迎來了最悲慘的一幕，很快鬱金香球莖的價格跌到了一隻洋蔥頭的售價。

一七二〇年，英國股票投機狂潮中有這樣一個插曲：一個無名士創建了一家莫須有的公司。自始至終無人知道這是一家什麼公司，但認購時近千名投資者爭先恐後把大門擠倒。沒有多少人相信它真正獲利豐厚，而是預期有更大的笨蛋會出現，價格會上漲，自己能賺錢。饒有意味的是，牛頓參與了這場投機，並且不幸成了最大的笨蛋。他因此感歎：「我能計算出天體運行，但人們的瘋狂實在難以估計。」

30 你會用高於面值的價格來買一張鈔票嗎？

賭徒進入賭場開始賭博時，他已經進入了騎虎難下的狀態，因為，賭場從機率上講肯定是贏的。

問你一個有趣的問題，你會用高於面值的價格來買一張鈔票嗎？也就是說你會用一百一十元或者一百二十元來買一張百元大鈔嗎？

你一定會說：「天下哪有這樣的人？除非……」對了，除非是「傻瓜」，先別忙著下結論。讓我們看一看下面這場百元大鈔的拍賣會，設想你就是這場拍賣會的競買者。

拍賣的物品就是一張普通的一百元面值的鈔票，與其他拍賣會相同的是，這張百元鈔票將拍賣給出價最高的人，大家互相競價，以五元為單位，到沒有人再加價為止。出價最高的人只要付出他所開的價碼即可獲得這張鈔票。

與其他拍賣會不同的是，對於出價第二高的人，雖無法獲得百元鈔票，但仍需將他所開的價碼如數付給拍賣者。也就是說他不僅一無所得，還將為自己的報價付出代價。

拍賣開始時，「十元」、「十五元」、「二十元」的競價聲此起彼伏，到價碼高到一定程度時，只剩下兩個人相持不下。局面就變得有意思起來。當其中一人喊出的價值超過面值時，另一方的退出就意味著損失掉自己最後的報價。因為出價第二高的人仍需將他所開的價碼如數付給拍賣者，於是兩個人的出價都極有可能喊破鈔票的面值。

設想，你是這兩人中的一個。當對方喊出一百元的價格來買這張鈔票時，而你只出價到九十元——這意味著，如果你不加價按規則你就要失去這九十元，而對方沒有任何的損失（我們估且將所耗費的時間與精力等成本忽略掉）。這顯然不是你所願意看到的，因此，此時的選擇只能是高於對方的出價，儘管這已經是一場「穩賠」買賣。因為你出到一百一十元，如果對方不再加價，你所損失的只是十元，而你如果不出到一百一十元，損失的將會是九十元。

事已至此，對方顯然也不是「傻瓜」，他也會有和你一樣的思慮，所以他也不會甘心損失掉前面的付出。於是，他也會喊出高於你的價格。這個看似不合理的拍賣，最終會在一個價位上停滯下來。結果是一方付出高於面值的價位購得鈔票，而另一方平白地付出了損失。

這個遊戲是美國耶魯大學經濟學家蘇必克提出的。社會心理學家泰格曾對參加「大鈔拍賣遊戲」的人加以分析，結果發現掉入「陷阱」的人通常有兩個動機，一是經濟上的，一是人際關係上的。

經濟動機包括渴望贏得那張百元大鈔，想贏回他的損失，想避免更多的損失；人際關係動機包括渴望挽回面子，證明自己是最好的玩家及處罰對手等。開始時，

大家都想以廉價而容易的方式去贏得它，希望自己所出的價碼是最後的價碼，大家都這麼想，就不斷地互相競價。

當進行一段時間後，也就是出價相當高時，相持不下的兩人都發現自己掉進一個陷阱中，但已不能全身而退，他們都已投資了相當多，只有再增加投資以期掙脫困境。當出價等於「獎金」時，競爭者開始感到焦慮、不安，發現自己的「愚蠢」，但已身不由己。

當出價高過獎金時，不管自己再怎麼努力都是「損失者」，不過，為了挽回面子或處罰對方，他不惜「犧牲」地再提高價碼，好讓「對手損失得更慘重」。

試想，超級大國之間的核裝備升級過程難道與此有什麼分別嗎？雙方都付出了億萬美元的代價，為的是博取區區「一百元」的勝利。聯合起來，意味著和平共處，它是一個更有好處的解決方案。一旦進入騎虎難下的博奕，及早退出是明智之舉，然而當局者往往做不到，這就是所謂當局者迷。這種騎虎難下的博奕經常出現在國家之間，也出現在企業或組織之間，當然個人之間也經常會碰到的。二十世紀六〇年代，美國介入越南就是一個騎虎難下的博奕。賭紅了眼的賭徒輸了錢還要繼續賭下去以希望返本，也是騎虎難下的博奕，其實，賭徒進入賭場開始賭博時，他已經進入了騎虎難下的狀態，因為，賭場從機率上講是肯定贏的。

股票市場也經常出現「騎虎難下」的情況：你買進一種股票，股價下跌；於是你又在這個價位買進（股民稱此為「攤平」），可是它又下跌……你再次購買的本意是減少損失，可是卻越陷越深。

一位經濟學家曾打過一個有趣的比方，他說：「股市就像一杯啤酒，如果沒有一點泡沫，說明它不新鮮（沒有活力）；可是如果泡沫太多，啤酒就少了。」事實上也是如此，一個繁榮的市場自然交易活躍，當然也就不可避免地會存在一些投機現象，但是如果投機盛行，成為市場的「規律」，那麼這個市場一定要出問題。因為說到底，支撐市場的是「啤酒」，而不是「泡沫」。

股市高手大多都認可「博傻理論」——如果太理性了，在股市上賺不到大錢。博傻理論認為，不管你以什麼高價追漲，只要別人願意以更高價買你的股票，你照樣能賺錢，以低價殺跌的道理也是如此。股市上有的是更傻的投機者。「博傻理論」指出，投機市場有時不可以用常理去分析，用「非常理」去運作，反而會獲利。

有人說：股市是瘋人院，不能用常理應對。但是，大家在做「博傻遊戲」時，千萬不要玩得太過火，保持半瘋半醒的狀態為好。不要以為自己是聰明的高手，總認為有比你更傻的最終接棒者，還是經常以低調低手自居為好。

即使你比較理性，有時會使你喪失一些機會，少賺一些錢，但也使你躲過多少破產之災。

31 價值八萬美金的智力題

任何「分配者」想讓自己的方案獲得通過的關鍵是事先考慮清楚「挑戰者」的分配方案是什麼，並用最小的代價獲取最大收益。

讓我們來看一道「強盜分鑽石」的題。據說，在美國二十分鐘內能回答出這道題的人，平均年薪在八萬美金以上。

五個海盜搶到了一百顆寶石，每一顆都一樣的大小價值連城；他們這麼分：

抽籤決定自己的號碼（1，2，3，4，5）

首先，由1號提出分配方案，然後大家五人進行表決，當且僅當半數和超過半數的人同意時，按照他的提案進行分配，否則將被扔入大海喂鯊魚。

如果1號死後，再由二號提出分配方案，然後大家四人進行表決，當且僅當半數和超過半數的人同意時，按照他的提案進行分配，否則將被扔入大海喂鯊魚。

以次類推……

假定每個強盜都是經濟學假設的「理性人」，都能很理智地判斷得失，作出選擇。為了避免不必要的爭執，我們還假定每個判決都能順利執行。那麼，如果你是第一個強盜，你該如何提出分配方案才能夠使自己的收益最大化？

這個嚴酷的規定給人的第一印象是：如果自己抽到了一號，那將是一件不幸的事。因為作為頭一個提出方案的人，僅僅能活下來的機會都微乎其微。即使他自己一分不要，把錢全部送給另外四人，那些人可能也不贊同他的分配方案，那麼他只有死路一條。如果你也這樣想，那麼答案會大大出乎你意料。許多人公認的標準答案是：一號強盜分給三號一枚金幣，四號或五號強盜二枚，獨得九十七枚。分配方案可寫成（97，0，1，2，0）或（97，0，1，0，2）。

站在這四人的角度分析：顯然，五號是最不合作的，因為他沒有被扔下海的風險，從直覺上說，每扔下去一個，潛在的對手就少一個；4號正好相反，他生存的機會完全取決於前面還有人活著，因此此人似乎值得爭取；3號對前兩個的命運完全不同情，他只需要4號支援就可以了；2號則需要3票才能活，那麼，你……

思路對頭，但是太籠統了，不要忘了我們的假設前提：每個人都十足理性，都不可能犯邏輯錯誤。所以，你應該按照嚴格的邏輯思維去推想他們的決定。

從哪兒開始呢？前面我們提過「向前展望，倒後推理」，推理過程應該是從後向前，因為越往後策略越容易看清。5號不用說了，他的策略最簡單：巴不得把所有人都送去喂鯊魚（但要注意：這並不意味著他要對每個人投反對票，他也要考慮其他人方案通過的情況）。來看4號：如果1～3號強盜都喂了鯊魚，只剩5號和5號的話，5號一定投反對票讓4號喂鯊魚，以獨吞全部金幣。所以，4號惟有支

持3號才能保命。

3號知道這個策略，就會提（100，0，0）的分配方案，對4號、5號一毛不拔而將全部金幣歸為己有，因為他知道4號一無所獲但還是會投贊成票，再加上自己一票他的方案即可通過。

不過，2號推知到3號的方案，就會提出（98，0，1，1）的方案，即放棄3號，而給予4號和5號各1枚金幣。由於該方案對於4號和5號來說比在3號分配時更為有利，他們將支援他而不希望他出局而由3號來分配。這樣，2號將拿走98枚金幣。不過，2號的方案會被1號所洞悉，1號並將提出（97，0，1，2，0）或（97，0，1，0，2）的方案，即放棄2號，而給3號1枚金幣，同時給4號或5號2枚金幣。由於1號的這一方案對於3號和4號（或5號）來說，相比2號分配時更優，他們將投1號的贊成票，再加上1號自己的票，1號的方案可獲通過，97枚金幣可輕鬆落入腰包。這無疑是1號能夠獲取最大收益的方案了！

難以置信，是不是？難道上面的推理真是毫無破綻嗎？

應該說，還真有一個模糊不清之處：其實，除了無條件支持3號之外，4號還有一個策略（這是許多專家都沒有考慮到的）：那就是提出（0，100）的方案，讓5號獨吞金幣，換取自己的活命。如果這個可能成立的話（不要忘了「完全理性」的假定，既然可以得到所有錢，5號其實並不必殺死4號），那麼3號前面的策略就顯然失敗了，4號如果一文不得，他就有可能投票反對3號，讓他喂鯊魚。

你可能要反對：作為理性人，4號幹嘛要做「損人不利己」的事呢？而且，這多少還要冒可能被扔下海的風險？

是呀，有道理。可是，如果大家都是理性人，5號在得錢後可以不殺死4號，那麼對4號來說，投票贊成和投票反對3號都是一樣的，也就是說，無論他怎麼選擇都可以。3號當然不應該把希望寄託在4號的隨機選擇上。如果我們允許有一點點「非理性」存在，即5號還是可能在不必要的情況下殺死4號，那麼4號是不該冒這個風險；可是同理，3號也不該冒沒有必要的風險。無論是哪種情況，他都應該給4號1枚金幣，使其得到甜頭，支援自己。這樣他的「保險方案」就是（99，1，0）；相應地，2號的方案也要修改一點，比3號多給4號1枚，使其支援自己，也就是（97，0，2，1）。對於1號來說，倒是不必多掏錢，而是減少了兩枚金幣收買4號這一種可能性，也就是說，前面所說的「標準答案」只剩下了一種，即（97，0，1，0，2）。當然，他也可以選（96，0，1，3，0），但是由於收買4號要比收買5號多花1枚金幣，所以也就算不上「最佳」方案了。

在研究博奕理論的人看來，「強盜分金」其實是一個高度簡化和抽象的模型（非數理模型），但無疑以現實為基礎。在「強盜分金」模型中，任何「分配者」想讓自己的方案獲得通過的關鍵是事先考慮清楚「挑戰者」的分配方案是什麼，並用最

小的代價獲取最大收益，拉攏「挑戰者」分配方案中最不得意的人們。想一想歷朝歷代的農民起義，想一想綿延不斷的宮廷鬥爭，想一想今天生活中存在的結盟與背叛，想一想企業內部的明爭暗鬥，想一想辦公室腳下使絆的小動作，哪一個得勝者不是採用類似「強盜分金」的辦法？

還可以舉出許許多多的例證來。比如，在國際政治、經濟中，各國的地位是不平等的，存在著「先發」和「後發」的區別，正如這個遊戲中每個人的順序。1號看起來最有可能喂鯊魚，但他牢牢地把握住先發優勢，結果不但消除了死亡威脅，還收益最大。這不正是全球化過程中先進國家先發優勢嗎？而5號看起來最安全，甚至還能坐收漁人之利。卻因不得不看別人臉色行事而只能分得一小杯羹。這難道不是後發劣勢的寫照？可以預料，如果中國人總是處於5號位置，總是坐等別人制定規則，就無法避免「看人臉色」的不利處境。

有兩句似乎矛盾的成語：先發制人和後發制人。與此相對應的是所謂「先發優勢」和「後發優勢」。所謂「先發優勢」是指一步領先，步步領先的「馬太效應」；而「後發優勢」是指可以在前人發展的基礎上發展，而不必付出探索的成本和代價。如何揚長避短，趨利避害，需要好好把握。

「強盜分金」模型雖然是一個有益的智力測驗，但應用于現實仍顯粗糙不堪，與現實世界的精致模型相比要遠為複雜。

首先，現實中肯定不會是人人都絕頂聰明兼「絕對理性」。回到「強盜分金」的模型中，只要3號、4號或5號中有一個人偏離了絕對聰明兼絕頂理性的假設，強盜1號保不准就會被扔到海裏去了。所以1號首先要考慮的就是他的強盜兄弟們的聰明和理性究竟是不是靠得住，而萬萬不敢自取九十七顆金幣，拼了性命去狂賭。

偏好和效用及其替代是另外的一個大問題。現實中人們是如此的複雜，某人的神經末梢稍微偏離一毫，就可能表現得對金幣滿不在乎而偏偏喜歡看同夥被扔進海裏喂鯊魚。果真如此，一號自以為得計的方案豈不成了自掘墳墓？

再就是俗話所說的「人心隔肚皮」。這翻譯成經濟學語言則是資訊不對稱。由於資訊不對稱，謊言和虛假承諾就大有用武之地，而陰謀也會像雜草般瘋長，並借機獲益。譬如，二號完全可以對三、四、五號大放煙幕彈，假稱基於1號所提出的任何分配方案，他一定會再多加上一個金幣給他們。果真如此，結果又當如何？

還有比上述情形更複雜的。讓我們試考慮分配規則變化的情形。

通常，在現實世界中，人人都有自認的公平標準，因而時常會嘟囔：「誰動了我的奶酪？」可以料想，一旦一號所提方案和其所想的不符合，就會有人大鬧。當大家都鬧起來的時候，1號能拿著97枚金幣毫髮不損地、鎮定自若地走出去嗎？最大的可能就是，強盜們會要求修改規則，然後重新分配。

假如由一次博奕變成重複博奕呢，比如，大家講清楚下次再得一百枚金幣時，

先由二號強盜來分，然後是三號……「輪流坐莊」，這倒頗有點像西方國家的兩黨政治，當然，你也可以說，其實是民主制度下的分贓制。

可能還會有比這鬧得更凶的。比如，四人會想：一號居然要獨得九十七枚金幣，這簡直是赤裸裸的剝削嘛！於是，他們立即起來「造反」，組成一個反1號的大聯盟並制定出新規則：四人平分金幣，獨將一號扔進大海……

無須更多討論，我們或許能夠同意：現實的確是太複雜了，「強盜分金」之類的題目儘管很聰明，而且不乏啟發性，但也只能是「模型」而已。

32 皇帝的新衣與資訊博弈

我們並不一定知道未來將會面對什麼問題，但是你掌握的資訊越多，正確決策的可能性就越大。

我們都熟悉安徒生的童話《皇帝的新裝》。

從前有一個皇帝，每隔一小時他就要換一套新衣服。

一天，有兩個騙子來到城裏，他們知道皇帝特別喜歡新衣服，就到處散佈消息說，他們能織出任何人也沒有見過的最美麗的魔布。這種布只有聰明人才能看得到。

皇帝相信他們的話，給了他們許多金子，讓他們開始織布。騙子們架設好織布機，整天煞有其事地忙碌著。皇帝焦急地想看看這種布是怎麼織出來的，但是他有又點擔心。於是皇帝派他年老忠誠的宰相去看看工作的進度，然而老宰相驚呆了：天啊，我什麼也看不見！難道我是愚蠢的人？我不勝任自己現有的權位？這是多麼可怕的事啊！但好在其他人不知道。於是他們裝做看見的樣子，稱讚布是多麼多麼的漂亮，騙子向他們描述衣服的色彩和圖樣，他們點頭稱是。

回去後，他們將騙子的話彙報給皇帝。

皇帝決定親自去看一看。一群最受寵信的大臣簇擁著他。到織布人那裏去了。皇帝他也沒能看到這種新布。其他人也都沒看到，但是每個人都在想，別人都看到了，我可不能說沒看見。於是大家都高興地大聲讚美這種新布的美麗，簡直令人驚奇。

「用這種布給我做一套衣服，明天遊行時我就穿上它。」皇帝說。隆重的遊行大典開始了，皇帝走在最前面，驕傲地昂著頭。全城的人都聽說過這種奇異的布。大家都知道只有那些聰明的人才能見到這種布，而愚蠢的人是看不到的。他們都看著沒穿衣服的皇帝，然而他們不敢承認，怕別人知道自己是愚蠢的人，他們不說自己看不到自己皇帝的衣服。

「皇帝什麼衣服都沒穿！」這時，一個男孩子的聲音壓過了其他人的聲音。於是，老百姓私下傳著這個天真無邪的小孩的話，人們開始相信小孩說的話是對的。皇帝也知道了老百姓們的竊竊私語，他想老百姓的話可能是對的，但他沒辦法就此回頭，他堅持把遊行進行下去，於是他更加高傲地向前走去。

在這個童話中，騙子們所謂的皇帝的新衣服其實什麼也沒有，對每個人來說，每個人都知道這是事實。也就是說，對每個人來說，「皇帝什麼都沒穿」是一個資訊。但是，每個人不知道其他人是否知道這個資訊。同時每一個人知道，只要他不說，其他人不知道他知道這個資訊。

因為產生這個策略中有一個虛假前提：如果我沒看見皇帝的新衣服意味著我是愚蠢的。因此，每個人儘量不讓其他人瞭解自己沒看見皇帝的新裝。此時，每個人，包括皇帝都在說著假話，硬說自己看見了新衣服。每個人都在謊言下生活。這就是一個均衡，一個大家都「說謊的均衡」。

然而，小孩說出「皇帝什麼也沒穿」，小孩意味著不會說假話，並且人們也不應對小孩的聰明發生懷疑。當小孩的話傳到每個人那裏時，「皇帝其實什麼也沒穿」便成了公共資訊。於是，原來的均衡打破了。這個故事中的說真話小孩使一個知識成為公共資訊。

這就是一個「資訊博奕」的例子。在這個故事中，資訊成了整個博奕的關鍵點。

缺乏資訊，以及資訊的失真都會令我們作出錯誤的決策，為了避免這樣的困境，我們應該在行動之前，盡可能掌握有關資訊。人類的知識、經驗等，都是這樣的「資訊庫」。當然，我們並不一定知道未來將會面對什麼問題，但是你掌握的資訊越多，正確決策的可能性就越大。

33 應徵的夥計與亂撞的蒼蠅

當更多的努力不再能夠產生有效的選擇物件時，就是你作最終選擇的時候。

一個商人貼出告示，要招一個夥計。來了兩個應徵者，他們同樣勤快，商人決定不下要哪一個，他希望店裏的夥計要精明一些，於是就想了一個主意。

他把兩人叫到裏面，取出五頂帽子，兩頂紅的，三頂黑的，他要求他們蒙上眼睛後，三個人各取了一頂帽子戴上，他告訴他們：摘下眼罩後，誰先說出自己帽子的顏色，他就留下誰。

眼罩摘下，這兩個人發現商人戴著一頂紅帽子，兩個人互相看了一眼，其中一個搶先說：「我的帽子是黑的。」

商人很滿意，問他怎麼知道的，他說：「你戴著一頂紅的，如果我的也是紅

的，他一定知道自己是黑的，可他沒有說，所以我知道，自己戴的也是黑色的。」

這是一個在決策中掌握資訊並作出判斷的例子，頗有博奕色彩。有些資訊可以在決策之前掌握，還有一些資訊出現在決策的過程中，這就需要某些特殊素質了，正如這個比較聰明、敏銳的夥計就在這個環節佔據先機。其實是對手的反應幫了他的忙。如果對手很聰明，就可能採取以下戰術：不肯摘下眼罩，或根本不看對方，這麼做似乎吃虧，其實正好相反。因為如果自己戴的是紅帽子，無論知不知道對方帽子的顏色，他都會輸；可是對方如果不能作出判斷，那他就可以判斷出自己戴的是黑帽子。

還有許多情況，我們根本不能從他人或外界得到的資訊，那麼該怎麼辦呢？有一個很著名的「蜜蜂和蒼蠅」實驗。

把幾隻蜜蜂和幾隻蒼蠅裝進一個玻璃瓶中，然後將瓶子平放，讓瓶底朝向窗戶，結果會怎樣呢？你會看到，蜜蜂會不停地在瓶子底部尋找出口，直到累死為止，而蒼蠅卻在不到兩分鐘內全部逃出。蜜蜂為什麼會滅亡呢？因為蜜蜂喜歡光亮而且有智力，於是它們堅定地認為，出口一定是在光線最亮的地方，於是它們不停地重複這一合乎邏輯的行動。而蒼蠅呢？它們對於事物的邏輯並不在意，而是到處亂飛，探索任何可能出現的機會，於是它們成功了。

這件事說明，實驗、試錯、冒險、即興發揮、迂回前進、混亂、隨機應變，所有這些都有助於應付變化。人的理性和邏輯性容易使人在經濟活動中陷入一個固定的認知模式中，從而一條道跑到底。經濟活動要善於從已有的認知模式中跳出來。要有足夠的學習能力——即探索未知領域的能力。

即使這些方法都不奏效，你至少還可以權衡利弊，作出合乎理性的決策——你仍有可能犯錯，但不至於錯得一塌糊塗。

在社會經濟活動中，人們常常隱蔽真實的資訊。最典型的例子，是在市場裏老是聽到買東西的人埋怨東西太貴，較少聽到買東西的人稱讚東西便宜。同時，廠商又老是埋怨東西賣不出好價錢。在經濟學家看來，對價錢的抱怨是自相矛盾的。如果嫌貴，你可以不買；如果嫌賤，你可以不賣。因為在市場上，人們不是用言詞，而是用行動表示出他們的愛好。如果你自願地同意做一筆交易，這說明你認為，雖說不是很理想，但是做這筆交易至少比不做這筆交易要好。雖然兩塊錢買一把菜你嫌貴，但是你還是認為用你那兩塊錢換回這一把菜是值得的，不然的話你可以不買，因為沒有人強迫你。

提取和甄別資訊，是博奕論面對的大問題。引用很多的一個例子，是所羅門王斷案的故事。

兩個女人為爭奪一個孩子吵到所羅門王那裏。一個女人說：「陛下，我和這婦人同住一個房間。我生了一個孩子，三天以後這婦人也生了一個孩子，房間裏再沒

有別的人。夜裏這婦人睡覺的時候，把自己的孩子壓死了。她半夜醒來，趁我睡著，把我的孩子抱去，把她已經死了的孩子放在我的懷裏。天亮要餵奶的時候，我才發現懷裏的孩子是死的，仔細察看，並不是我生的孩子。」另一個女人趕緊說：「不對，活孩子是我的，死孩子才是她的。」她們吵得不可開交。

所羅門王喝令她們別吵，吩咐下人拿刀來，說：「如果她們還吵，就把孩子劈成兩半，一半給這個婦人，一半給那個婦人。」一個女人趕緊說：「大王把孩子給那個婦人算了，萬不可殺他。」另一個女人說：「這孩子既不歸我，也不歸她，劈了算了。」所羅門王知道心痛孩子的女人一定是孩子的親生母親，便吩咐下人把孩子給她。

這是獲取和甄別資訊的範例，直到現在，博奕論專家還在繼續討論和發掘所羅門王斷案的故事。例如，以色列一位教授和美國一位教授最近合寫的一篇論文，就把競標一項工程的兩個企業，看做是兩個「婦人」，其中一個企業實力可靠，另一個企業只是想奪標以後賺取轉包的利益。如何設計規則和機制來獲取和甄別資訊便成為了資訊博奕的關鍵。

34 機率意味著什麼？

很少有一個學科像機率論這樣說明我們的直覺是多麼不可靠。我們的經驗甚至常識往往和機率論所揭示的答案相悖。

很多人相信某一獨立事件的機率要受到過去的影響。比如在戰爭中，士兵們相信，躲在新彈坑裏比較安全，因為炮彈兩次打中同一地點不大可能。這也許有一點道理：大炮每次射擊，都可能會因反作用力使炮位稍稍移動，彈著點也可能略有偏差。但是這也只是空談，因為畢竟不止是一門炮在射擊。

有一個故事，講的是一個謹小慎微的人坐飛機，他很害怕會遇上一個帶著炸彈的恐怖分子，於是他就自己帶了一個炸彈（當然，炸藥已經卸掉了）。他的理由是：一架飛機上有一個帶炸彈的恐怖分子的機率很小，一架飛機上有兩個帶炸彈的恐怖分子的機率就更小了。他認為自己的行為減少了遇到危險事件的可能性，可事實上，他帶或不帶炸彈不會影響其他旅客帶不帶炸彈。

當發現我們以為「天經地義」的東西竟是錯的，第一反應是不相信，第二反應是想弄明白到底怎麼回事。自然，如果沒有一點機率學知識，想弄明白也不容易。

一般人一聽到機率就害怕，因為這個詞太莫測高深，聽來就很「數學」，而大

多數人在數學方面又極不自信。其實，機率與機會是相同的概念，不能因為數學家給它起了個拗口的名字，就把這個有用的概念丟棄。

機率不過是〇與一之間一個普通的分數結構，也是用來測量事物發生可能性的工具。機率值為〇表示絕對不會發生，機率值為一表示定會發生，至於其他數值則表示介於兩個極端之間的情形。

這裏有個問題：究竟是機率（比如我們說的硬幣哪一面朝上的可能都是50％）決定了個別事件（某一次擲硬幣）的結果，還是個別事件結果的積累決定了機率？比如，你可能認為硬幣任何一面朝上的機率都是50％，可是如果你連扔五次都是正面，那麼下一次還是正面的機率就應該小於平均值，否則，整個的機率不是就偏向正面了嗎？

反駁這個觀點當然容易，比如一個美國人可能不相信全世界每五個人中就有一個中國人，只因為他認識的所有人中沒有一個是中國人。原因是他的取樣太少了，範圍又太窄了。

一個理性的人對賭局的預期，就是機率，信不信由你。要把這個人的想法換成數位，只要看他在賭局下注的比例，再把這個比例換算成機率就行了。拿擲硬幣來說，他可能會說正反面機會各半，這時你就知道那就是0.5的機率了，下一塊錢就贏一塊。再譬如擲兩粒骰子，你想知道擲中7的機會有多少，受過教育的賭徒會告訴你是1.5，那麼你就可以算出擲出7的機率是1／6或0．1667。這個比例也許是經過計算，也許是長期經驗累積而來，不過都不打緊。

有些守舊的統計學家或數學家會急切地告訴你，這根本是胡說八道。他們說，機率是一種測量硬幣在多次的投擲後，正面出現次數所占的比率。如果發生比率剛好是一半，那麼機率就是0.5。

只要擲的次數夠多，硬幣就有一半的機會出現正面，這究竟是因為出現正面的機率0.5所造成的，或者不過是機率的定義罷了。再說，又有誰會這麼不厭其煩地擲這麼多次硬幣？如果今天就得下注，你還會在乎長期結果如何嗎？從口袋裏拿出一個硬幣，或是足球裁判丟銅板決定哪一隊先開球，這第一次擲的硬幣又會如何？所謂長期或次數夠多又有何用？長期或次數夠多是古老而過時的機率定義，高學歷的統計專家已逐漸摒棄這種定義，原因很多，其中至少包括一點：基本上，在第一次擲硬幣之前，就可以有相當的把握說出機率多寡，根本不需要擲上億上兆次，更何況法則是無法由實驗結果來定義的。

但如果這個原則用得過於泛濫，就會出問題，因為這個推理只能用於每個可能出現的結果是完全對稱的情況下。如果告訴你，一個硬幣在平滑桌面上旋轉之後，一面向上的次數多於另一面，也許很多人會大吃一驚。其實硬幣的正反面重量分配確實不同，正面背面圖案的差別，對錢幣旋轉會造成一定的影響。所以，嚴格來說，在桌面上旋轉硬幣猜正反面，並不是一個完全對等的遊戲。

在某些無法確定是非的問題上，人們常犯的一個錯誤是濫用「中立原理」。例如有人問你：火星上存在生命的可能性有多大？你並不知道，但是你想：只有兩種可能，有或沒有，所以，有生命存在的機率是50％。如果你是這麼想的，你就犯了濫用「中立原理」的錯誤了。

所謂「中立原理」，是由經濟學家凱因斯在他的《機率論》一書中總結的，大致內容是：如果我們沒有理由說明某事的真假，我們就選對等的機率來表明它的真實程度。在漫長的歷史中，這個原理曾被應用於科學、哲學、經濟學和心理學等很多領域，因而聲名狼藉。例如法國天文學家、數學家拉普拉斯有一次以這個原理為基礎計算太陽明天升起的機率，答案是將近1／2000000！

為什麼會有這麼離譜的答案？拉普拉斯是如何論證的，我們並不瞭解，但是可以推想。就拿「火星生命」的問題來說吧：火星上存在生命嗎？「中立原理」的回答是：有1／2可能性；那麼，火星上存在最簡單的細胞生命嗎？同樣，可能性是1／2；存在植物生命嗎？還是1／2；存在低級動物生命嗎？1／2；存在哺乳動物嗎？1／2……好了，現在看看火星上不存在以上形式生命的機率：1／2乘1／2乘1／2乘1／2……結果是1／16，也就是說，至少存在一種生命的可能性達到了1／16，這和原來我們估計的1／2相矛盾了。

「中立原理」只能應用於客觀情況是對稱的這一前提。不能因為答案是二選一，就認定兩種答案的可能性都是1／2。同樣，如果你買彩票或競選總統，可能的結果不是贏就是輸，可惜這兩個結果並非機率各半。

決策幾乎都是處理單一事件，擲硬幣就是單一事件，如果一枚硬幣被擲足夠多次，而出現正面的次數遠遠高於出現背面的次數，則說明這枚硬幣是假的。在只能擲一次的情況下也很難看出這個硬幣是不是一枚真硬幣，也許會出現正面，也許會出現反面。或許是太過天真，但我們也只能假設硬幣是公正的，的此來估計可能的機率。

因此，所謂的決策機率是指0到1之間，用來測量某件事發生可能性的數位，而這個數位可以利用各種方便的技巧來推測。即使必須去問專家或數學家也無妨，只要記得找個好的就是了。如果要用猜的也可以，但千萬別高估自己的技巧，可惜這也是很多人常犯的錯誤。

當然，機率也不是完全隨機的，在計算機率時，還是有規則可循，內容並不多，但很明確，主要是避免掉入自相矛盾或無稽之談的泥沼。譬如要計算兩個獨立事件都發生的機率就是將個別機率相乘，如果一個5分錢的硬幣，每兩次有一次出現正面的機會（機率為0.5），那麼兩個硬幣同時擲出正面的機會就是1／4，也就是機率值為0.25。同理，兩個硬幣至少有一個出現正面的機率為0.75。兩個硬幣同時出現反

面的機率也是0.25。因此無論如何，只要給定機率值，就必須嚴格遵守結合兩事件發生的機率原則，否則會出現不一致的現象，阻礙整個決策過程。

以下就是三項基本的機率原則：

(1)兩個完全獨立事件，同時發生的機率是個別發生機率相乘的結果，兩個事件以上的情形亦同。

(2)兩個事件互斥，至少一件事發生（或說兩者不能同時發生）的機率是個別機率的總和。若不是彼此互斥，情況就稍微複雜一點。

(3)如果某種情況注定要發生，這些個別獨立事件的發生機率總和等於一。例如足球聯賽中一定有一隊會獲得冠軍，則所有球隊獲勝的機率加起來定會等於一，而且各隊獲勝就成為互斥事件。

35 做個理性的決策者

就像直線是兩點之間的最短距離一樣，理性是你現在的位置和想要到達的目標之間最短的距離。

在「911」之後，許多人開始害怕乘坐飛行旅行，這是因為害怕成為恐怖分子襲擊的受害者。一個理性的人，應該對在車禍中喪生比在恐怖分子控制的飛機中傷亡要害怕得多。

事實上，據統計，恐怖分子只有一年劫持五十架飛機，並且在起飛前殺掉機上的所有人，才會比駕車行駛相同的距離更加危險。儘管有這些統計數字，人們還是對恐怖主義採取非理性的行為。為什麼？首先，有大量的證據證明，人類對大災難的小風險估計十分糟糕。其次，成為恐怖主義犧牲品的實際風險不僅僅是小——而是不可知。再次，對於非理性事件誰都很難做到保持理性。

這是因為理性是假定決策者充分理解問題所在。然而在現實中，問題多半是複雜的，對於問題的原因總是有大量的解釋方法。結果是我們往往把注意力放在錯誤的問題上，混淆了問題的表像，或者忽視甚至否定問題的存在。

在真實的世界裏，人類在標準和對選擇物件的認識能力方面是受到限制的。人們會更多地關注可以看到的和顯性的東西。而個人的偏見和個人喜好也會阻止自己列出一份盡可能全面的備選物件。

標準和選擇物件可以通過評分和加權來顯示它們的重要性。因為問題是複雜的，所以有預見性地制定評分標準和加權數往往是很困難的。

要作出深思熟慮的選擇，我們可以預先得到所需的全部資訊。而事實上，時間

和成本上的限制使獲得完整的資訊幾乎是不可能的。

事實上，獲取完全的資訊是不可能的；而且我們發現很難把分析僅限於既定的標準，以及根據權數來排列選擇物件的重要性，多數情況下會讓不相干的標準或者情緒來影響我們的判斷。

還有系統性的傾向和錯誤偷偷潛入我們的決策過程，從而妨礙了理性決策。其根源就是我們總企圖簡化決策過程。為了花最少的精力並避免麻煩的權衡過程，我們過分依賴於閱曆、直覺、膚淺的感覺和便利的「經驗之談」。在很多情況下，這些捷徑確實會有幫助。然而，它們也可能會導致對理性決策的嚴重偏離。

雖然要做到理性我們都會有困難，但這並不意味著我們注定會不斷地把必須要作的決策搞糟。當我們知道自己的偏見並已經懂得如何使它們的影響最小化。

孩子高中三年級，選擇去哪所大學是一生中最重大的選擇。這意味著孩子在接下來的四年裏在哪裡讀書，學些什麼，以及其後半生的方向。

也許你現在已經畢業多年，是否為當年的選擇有所遺憾或欣慰呢？不管怎樣，今天的你可能會更多一些理性，至少會考慮更多。

現在先把你心目中學校的標準列出來：

你喜歡離家不太遠的地方，這樣就時常回家看看；這個學校必須是一個理工科院校，因為你想學的是電腦專業；你還想進一個聲名顯赫的學府，但你的家庭條件不濟，如果費用過高的話，你還得考慮其他的途徑，比如勤工儉學什麼的。當然還可能有一些偏愛：至少有你認識的幾個朋友；或是某個鍾情的女（男）生……當然所有這些都離不開你的成績，你要知道自己籌碼有多重。

在這樣的清單中，有些標準並不都是同等重要的。因此，你要根據重要性給這些條目標明重要度。接下來，你要去更多地瞭解符合這些條件的學校。這樣下來，就只有接近的幾個目標可供選擇了。這樣，你就可以集中精力衡量一下這幾個可能的選擇了。

當你對照以前設定好的標準和尺度來評估每一個學校時，其優勢和缺陷就變得明顯起來。最後，你就會鎖定評估表中得分最高的那個學校，並把它作為了首選。

這樣的行為過程就是我們所說的理性決策過程。之所以稱之為理性，是因為你在自己限定的範圍內，一直在試圖作出前後一致的、價值最大化的選擇。

基於邏輯、周密的分析及全面調研的決策，應該比基於膚淺的感覺、經驗的決策產生更好的結果。

大多數甚至對決策心理學一無所知的人，看上去卻能在他們有限的知識基礎上把事情做好。這又是為什麼呢？首先，正確的或是最優的選擇往往是明顯的。其次，在很多情形下，一個寬泛的選擇範圍會有一個最優或接近最優的結論。再次呢，符合要求的結論往往就是足夠好的。

在真實的世界裏，並不是每一個決策都有成打的選擇。即使有，大多數也處於很明顯的次要地位。正如你要購買一個新的電視機，可能你會去一個商店看看都有些什麼貨。一旦使用你的標準——螢幕尺寸、畫面質量、價格等等，一個選擇往往就會浮現出來。如果這個過程有三四個選擇而不是一個，會怎麼樣呢？在很多實例中，這些選擇中的任意一個都會不錯，因為它們之間的差異是可以忽略不計的。最後，有大量證據顯示，很多決策只要令人滿意就可以了。也就是說，也就是說一個充分滿足條件的方式並不一定是最優的。我們搜索著直到找到符合所有標準的首先出現的解決方案，然後就挑選了它。

大多數選擇都是滿意即止。尋求最優選擇並不會給你多帶來些什麼，一個令人滿意的選擇就足夠了。

36 賭局背後的決策

絕大多數賭博遊戲其實都是一樣，背後邏輯很簡單：長期來說，你幾乎肯定會輸，不過在遊戲過程中，也許會有領先的機會，因此如果策略對頭，也許可以在領先時收手。

讓我們以足球賭局為例。它的賭法通常是把當天的足球比賽都列出來，讓人下注買某隊會贏。賭局的全部收入就是各人買球隊贏所付的賭金，最後由優勝者平分。這個遊戲很單純，你可能認為只要比對手多瞭解各球隊情況即可，這當然沒錯，比別人聰明，知道得比別人多，絕對會有幫助，但這個遊戲還有點小花樣。

大部分的足球賭局都允許下注者選好幾個隊，以「分散風險」，反正頂多是賭金總數增加，有利無害。不過這也表示每個人都必須作兩個決策：要買多少支球隊，以及買哪些球隊贏。這也是一種零和遊戲——所有投進賭局的錢全部由優勝者平分。分散下注絕對有利於樂透彩或賽馬（這並不是真正的零和遊戲——贊助商可大撈一票），買得愈多輸得愈快。這跟以前的論點相同：若每項投資都賠錢，就算賣的量再多，也不可能賺錢。但賭足球則正好例外：多買幾個隊，跟自己對賭是有利的。聽起來有點違反常理，下面就來看看它是怎麼運作的。

為了簡化說明過程，我們假設這天剛好只有一場比賽：紅藍對抗。而且只有你和你的同事兩個人下注，你們在挑隊伍方面都是能手。若這兩隊實力相當，這幾乎是各占一半的賭局。你的同事用二元買紅隊贏。現在輪到你了，你可以挑紅隊，也可以選藍隊，或者作更明智的選擇。如果你也買紅隊，那麼誰也贏不了誰。紅隊贏了，兩人就平分賭金，每人拿回自己的二元；如果藍隊勝了，還是可以拿回二元，因為沒有獲勝者。但若你賭藍隊，那麼就可分出勝負，並拿到全部賭金。假設你真的比你的同事更瞭解球隊的狀況，就可以這樣賭，如果不是，再加上兩隊真的實力相當，則輸贏的機會大概一半一半，最後還是勢均力敵，所以絕非致富之道。

但如果兩隊都買，又會有什麼結果？現在在全部賭金裏你有4元，你的同事有2元，而這4元中，一定有2元會贏，另外2元會輸。但就算贏的部分一定有你，又該怎麼創造淨利呢？

因為這是個對等賭局，所以紅隊有一半贏的機會。若紅隊真的贏了，你們一起平分6元的賭金，所以在4元投資中可以拿回3元，另外1元則由你的同事賺得。

但若藍隊獲勝，這還會是個對等賭局嗎？你可以收回所有的投資，並賺到同事的2元，作為報酬。也就是有一半機會賺2元，一半機會賠1元，長時間看，你的贏面還是較大。每玩兩次就可以淨賺1元，以4元的投資來說，平均每玩一次，就有0.5元的淨利。這當然是因為和自己對賭的結果。你的同事如果要贏就必須看得很准，猜中的機率約要有2／3才行，至於你的準確度就無關緊要，反正兩隊都押了。如果每週都有一場賭局，而你的同事只能猜對一半，那麼你的每周平均報酬率就有12%強，這算是相當不錯了。一年內，你的投資會增加到將近五百元，而你的同事當然早就追上來。如果下注者更多，或比賽隊伍增加，賭局就會愈來愈複雜，利潤也會下降，不過原則還是不變，分散下注絕對有利。

請注意，不要急著把這套「系統」用在足球賭局上浪費金錢，因為我們事前已經假設對手輸贏機會各半。所以，能做的不過是丟硬幣決定下注物件罷了。如果對方對球隊真的很有研究，也經常挑對球隊，那麼這個系統就一無是處了。這個計算是以機率為基礎，但若有人真的能猜中哪一隊會贏，就可以輕易擊敗資訊較少的對手。因此，如果對手知道得比你多，千萬別賭。

37 把錢存在銀行，還是去賭博？

你該把儲蓄投資在風險低的債券存在銀行，還是乾脆上賭城一賭？這就需要決策了。首先，你必須對機率略知一二，再評估各種後果，並決定個人目標，然後在立即滿足或未來展望之間作取捨。

假設你手邊有一千元，又剛好住在鬧市區，巷口有家銀行，對街有一間賭場。銀行的利率是5%，賭場裏的輪盤遊戲也蠻吸引你的。典型的輪盤有38個洞，其中18個是紅色，18個是黑色。小球滾到紅、黑洞的機會一樣，不過並不完全是對等賭局，因為小球進每個紅、黑洞的機率都是18／38，約相當於0．4737。所以不論賭紅或黑，獲勝的機率都很低，比賭骰子的0．4929還小。換句話說，賭骰子比輪盤更容易贏錢。

首先，你必須設定目標，這是決策的最高原則。如果打算賭到破產為止，那還有什麼問題？因為賭場贏的機率就是比你高了那麼一點，長時間下來你必輸無疑，結局只有一個：一窮二白、欲哭無淚。至於會不會因此學聰明，就得看你自己了。

如果你選銀行，那就比較容易分析，你會立刻賠上全部投資，換到本小冊子或一張存單，表示你的錢由銀行保管，當然也可以隨時領回，但即使是銀行也有破產的可能，同時錢只要在銀行，對你就毫無用處。

這種說法當然是誤導。利息會累積，也會忠實地記錄下來，可能還是記在那本小存摺裏，同時自己也知道隨時可以取回本金與累積的利息，但放棄立即使用金錢的報償，比起必輸的賭博似乎還是比較好的選擇。許多勸世文章說，若每天以複利算，大約一百年，投資一千美金加上累積的利息，便可增加到十五萬，但也許你會問，這又有什麼好處？反正也沒有機會享用。取得的時間愈久遠，金錢效用愈低，這就是為什麼銀行要付你利息，才能拿到你的錢（暫時不論通貨膨脹的問題），事實上，除了收入固定或儲蓄的人外，它不過是個幻覺。但通貨膨脹的功能正是把錢從這些人身邊拿走，搶走他們的積蓄來支付其他人的立即需求，反正除此之外，也沒有其他合法渠道可以讓人免費取得財物。若你對這個問題感興趣，可以好好思索它的道德層面。

即使如此，長久下來，選銀行還是強過賭場，因為賭博的結果一定是破產。如果一定要賭，那麼最好的策略是什麼？

當然，我們說「賭博的結果一定是破產」，並不排除某一時段可能你的運氣不錯，但是如果你持續下去，好運不會伴隨你多久的。這就是為什麼事前必須定出明確目標，並在達到預定目標後立即收手。趁走運的時候停手你還有機會贏，如果堅持賭到最後，結果一定必輸無疑。這也是這個問題如此引人入勝的原因。

假設你帶著一千元進賭場，並決定賺一倍就收手。早期玩骰子有一句名言「我的孩子需要一雙新鞋」，就是告訴別人你急需額外的一千元買件重要的東西，原先的一千元不夠，一定要二千元才成。你當然很清楚自己極可能會輸得一乾二淨，不過當需求如此殷切時，也就顧不了這麼多；而銀行對短期需求根本是死路一條，就算以5％複利計算，也得要十四年才能讓本金加倍，到時孩子早已不需要這雙鞋了。那麼又該如何在輸光前贏到一千元，再趕緊收手，把籌碼換回現金？人人都知道沒有100％的勝算，但至少可以把機會極大化。

這是個定義明確的數學問題，所以就直接把答案說出來，另外，醉鬼在斷崖邊漫步的例子，也適用於此：他從一張板凳和斷崖的中間點開始走，希望找出最佳機會，在跌落斷崖前安穩地坐在椅子上。這張板凳好比那雙新鞋或是其他急需的東西，而斷崖呢？跟前面的討論一樣，代表破產。還記得遊戲規則是一次得下二十元，那麼標準答案就是在輸光前約有1／200的機會可以賺得一倍，勝算渺茫，幾乎是肯定

會輸，也就是說為了滿足需求而去賭博是很差勁的決策。

但即使在賭場，你也可以有更好的表現。如果一次賭五十元，進行速度會快一點，也許少了些樂趣，不過將本金加倍的機會就增加到1／10，比原來高了近20倍。為什麼？因為達成目標所需的運氣不用那麼多，而每賭一次，就是跟機率作一次挑戰。偶爾機率法則會讓你不致一路輸下去或贏下去，這是運氣。如果真的那麼需要錢，你也願意吸收所有損失（這個機率很大），那這樣的機率算是可以接受的。

現在應該都很清楚了，如果並非因樂趣，而是急需用錢才賭，最好的就是一次就把一千元全押下去。那麼勝負大概一分鐘以內就可以搞定，而贏的機率只稍稍低於1／2。這比一次賭二十元的1／200好太多了。

當然如果賭博只是為了好玩，最好一次隻押一點點，雖然到頭來一樣會輸光，不過得等上好一陣子，而你一定會玩得很愉快。如果你賭博是想發大財，而且也願意承擔損失，那麼就乾脆賭一把大的，孤注一擲，這樣你獲勝的機率還大一些。

對輪盤遊戲，還有兩小點要附帶一提，而它們也適用於擲硬幣，及其他機率對等，或接近對等，且籌碼也對等的情況。在輪盤遊戲裏，如果帶著一千元進賭場，並希望在最後離開時口袋裏會有二千元，那麼最好的策略就是一次全部下注，如此一來，就有近一半的機會可以贏；如果你的需求不只這樣，而是想把一千元變成一萬元，那麼會有多少獲勝的機會？最佳的策略又是什麼？

其實原則仍然不變：每次下注大點，仔細留意形勢的變化，持續賭上一陣子即可，也許你會輸光，但至少有贏的機會。但如果你把所有資金一次全部下注，運氣又很好，連贏三次（機率大概是1.8或再低點），賭金可累積到八千元，那麼下一局是不是還應該再這麼做呢？錯了！因為你可能會為了遠遠超過設定目標的1.6萬元而輸個精光。這時最好的策略應該是下注二千元，如果贏了，你大可以帶著所需的一萬元離開賭場，萬一輸了，也還有六千元可以翻本，下面賭局，就把籌碼改成四千元。

因此，這類賭局的最佳策略是，只要贏得的錢不超過目標，就全部押上，要不然就只下足夠達到目標的賭注就好。從數學上也可證明，是有和這個策略不相上下的做法，但絕沒有更好的。有個跟這個策略差不多的玩法是，在一開始，假裝你的目標是五千元，運用前述的方式，希望能達到目標，如果機率是1／5，那麼在你確實賺得五千元後，再全部押上，這個方式的獲勝機率跟先前一樣，不過前提還是輸贏機率必須接近各半。

最後還有一個問題：如果採用最適策略的話，希望把一千元本金，連本帶利翻成一萬元，成功的機率究竟有多少？假如你想賺取十倍於本金的錢，即使採用最佳策略，成功機會也不會大於1／10，這是公平遊戲的通則。在破產前達成目標的機率，正好是想賺得金額的倒數，若遊戲不公平，機率還要比倒數小一點，這雖不是

那麼直觀，但千真萬確。同時，若遊戲的公平性差了一點點，而你又小心翼翼地下注，肯定你會輸。

在公平賽局中，有近1／2的機率，可把本金變成2倍，三倍則為1／3，以次類推。這個通則其實是很有根據的，在機率的世界裏，恰巧也就是人們生存的世界。財產預期值等於機率和總數相互影響的結果，也就是說，擁有10元現金和擁有一張有機會把錢增加1倍的對等賭局彩票，就長期而言兩者並無二致，機率都是1／2，但若是可把錢變成一百元的彩票，機率就減小為1／10；雖然兩者的預期值都是一樣，沒有改變，但心理上，卻有很大的不同，因為若將時間拉長，結果正好打平，不賺不賠。

這個原則值得謹記於心，因為它是個通則。當然，這也表示如果幻想在賭場裏致富，那麼即使採用最佳策略，機會也很渺茫。想像一夜致富的情景當然很有趣，但終究只是想像而已。

在較為複雜的賭局裏，不容易計算機率，撲克牌就是一例，不過認真的玩家還是算得出來。撲克的複雜之處還在於，它是競賽性遊戲，強手佔有一定優勢。而擲骰子就要簡單多了，相信每位讀者現在都算得出來擲出4或10點的機率是1／3。

有時機率會騙人，或未知，或被忽略。彩票遊戲裏，一般人若不是不瞭解中頭獎的機率，就是他們只看到報紙上得獎人的故事，所以毫不在乎機率的問題。對這些人來說，「中獎的可能就是我」的幻想蓋過一切，但若以錢的效益來看，這樣想未必完全沒有道理。

不過再怎麼說也不能太離譜，有的賭場宣稱：在自己的撲克機上拿到同花順的機率是500：1。聽起來好像很高，不過在公平賭局中，取得同花順的機率就像連續拿到4張同花牌一樣，熟手發牌，則接近1／1000000，更精確點是1／649740，如果是抽牌，則低於1／20000。這麼看來，1／500根本是無恥的謊言，用來欺騙不懂的人。

其實，如果說在這些用適當策略達成目標的賭博小原則之上，還有共同決策原理的話，那就是如果你不懂機率，即使只純粹想限定輸錢的金額，也沒有合適的策略可用。這個原則的惟一例外是，不賭就不會輸，那麼懂不懂機率就無關緊要了。

前面我們用了很多紅黑輪盤作為簡單遊戲的例子，但必須記住，縱使賭注是1賠1，贏的機率也只有47.37％，因此有52.63％勝算的賭場，足足比你多了4％，就長期而言一定可以獲利的。再強調一次，賭場老闆不是在經營慈善事業，所以長期來說，你是不可能贏的。當然不論是輪盤還是骰子，都有很多未曾提到的賭法，每一種又各自有合適的策略，所以只要記得一件事，就是一定要懂得機率，千萬不要盲目下注。

以上討論的前提是假設所有遊戲都是公平的，對這一點，我們必須保持懷疑，

因為只要有利害關係，就有足夠的動機讓人丟開遊戲規則，而在這種地方，你又不能指望警察來維護規則——因為這套「規則」本身就是不合法的。

說了這麼多，中心意思其實很簡單：如果你想利用機率，就必須先瞭解機率，清楚自己到底在做什麼，並確定自己的目標。最重要的是，如果贏的機率小於1／2，就別以為長時間下來自己還會贏。

即使是全然理性的決策也可能是錯的，因此，若結果出乎意外的糟，就沒有必要自責或自暴自棄；同樣，如果運氣好，結果也不錯，也不必太沾沾自喜。要知道：機率就是機率，和老天是否眷顧毫無關係。

38 「猜心術」真的存在嗎？

人與人之間在心理較量時，隨機策略卻是一個很有效的策略，因為你的對手永遠無法忖度「上帝」的意志。

甲和乙同時拿出一枚硬幣，如果他們的硬幣正好配成一對是甲贏，否則是乙贏。這是一個猜硬幣的博奕。

在愛倫・坡的小說《被偷的信》中有一個小男孩，他在猜硬幣中總是贏家，當有人問他成功的秘密時，他回答說：「當我希望知道一個人是聰慧、善良，還是愚蠢、邪惡以及他當時的內心活動時，我就儘量做出和對方一樣的表情來，這樣我就知道了我內心產生的與這種面部表情對應的想法和情感。」

這聽上去很合理，並且這段話最具吸引力就在於，它揭示了社交溝通中我們最常用的方法。當我們想瞭解他人的行為時，我們就盡可能把自己置身于對方的位置，努力從對方的角度來思考問題。

但這畢竟是小說，現實中不可能存在這樣的男孩。

如果你是與這個小男孩遊戲的人，其實有一個最簡單的方法，就可以讓對方的正確率減半。你只要不去理會自己的硬幣是正面還是反面，也就是說，你給出的只是一個隨機策略——硬幣的正面和反面出現的機率各是二分之一。連你自己也不知道硬幣是正還是反，那麼無論這個小孩多麼聰明地模仿你的思維過程，充其量他也只能猜對一半。

博奕論專家或許認為在博奕過程中使自己行為被對手預測到的參與人是愚蠢的，現實生活中人與人之間的博奕，也昭示了完全暴露自己的行為是愚蠢的。人與人之間在心理較量時，隨機策略卻是一個很有效的策略，因為你的對手永遠無法忖度「上帝」的意志。

博奕論中有觀點認為，現實中，人的行為不會是隨機的。如果你真的是以一種

隨機方式來作出重要選擇（比如：硬幣），那麼你也絕對不希望以這種「一點兒技術含量都沒有」的方式來贏得名譽。在戰爭中為了迷惑敵人，你選擇了「擲硬幣」這樣的隨機策略，如果結果很糟糕，你就要被送上軍事法庭。如果你出奇制勝，你也不會傻到要承認你是這樣作出決策的。因為沒有人會把一場戰爭交給一個靠「擲硬幣」決策的指揮官。那麼隨機策略真的就是一個為常人所認為的愚蠢策略嗎？

在吉爾伯特和沙利文的《天皇》一書中，一位皇帝懲罰在桌球遊戲中有欺詐行為者的方法是，罰他們在一張凹凸不平的桌子上打橢圓形的球。對一位誠實的參與人的獎勵是讓他在很平滑的桌子上打非常圓的球，而且任何磨擦和缺乏彈性的碰撞都被排除在外。想像一下這樣一個理想世界中桌球在沒有網兜的球桌上滾動的情形。如果我們知道他們現在的位置和速度，我們在多大程度上預測它們未來的位置？拉普拉斯認為，如果有關它們當前狀態的數字是準確無誤的，我們就能精確地預測出它們的位置。但初始資料的毫釐之差，結果也可能會是災難性的。隨著桌球之間發生的碰撞和反彈，初始測量誤差的不確定性被不斷放大，結果是拉普拉斯對球的位置預測比一個對初始資料一無所知的人高明不了多少。

這聽起來與「蝴蝶效應」如出一轍。

美國氣象學家洛倫茲為了預報天氣，他用電腦求解仿真地球大氣的十三個方程式。為了更細緻地考察結果，他把一個中間解取出，提高精度再送回。而當他喝了杯咖啡以後回來再看時竟大吃一驚：本來很小的差異，結果卻偏離了十萬八千里！一隻南美洲亞馬孫河流域熱帶雨林中的蝴蝶，偶爾扇動幾下翅膀，可能在兩週後引起美國德克薩斯一場龍捲風。

在使用電腦時，如果你知道程式和正在運行的資料，那麼你就可以預見在程式運行時螢幕上會顯示什麼結果。假定你知道程式中的一個小錯誤，它就會動搖你對預測的信心。眾所周知，如果你的程式的微小變化導致結果的變化也很小，那你是很幸運的。而通常由程式上的一個小錯誤導致的結果是令人震驚和難以預測的。

在人的心理活動中也顯然存在這種現象。如果一個人的心理狀態包含了細微的有差異的觀念，那麼一個人就不可能確定另一個正在思考問題的人的心理狀態。人通常對自己的心理狀態也難以確定。

有時我們對我們的對手的微妙的心理狀態的無知並非壞事。例如，如果你要預測一個人是如何回答「3×2等於多少」這樣一個有豐厚獎品的問題時，不必揣測他是否有一個好心情。這與拉普拉斯預測一組桌球運動的問題是等價的，他不必知道初始資料就可進行預測，因為有較高的機率保證在足夠長的時間裏所有的球都會落進球網中。

但如果你要一個人說出「生活像什麼」這樣一個問題來，對方當時心理狀態的微小變化都會使他給出不同的答案。在這種情況下，你遇到了面對一張沒有球網的

球桌的拉普拉斯所遇到的同樣問題。如果他對乙的心理並不十分瞭解，那麼要準確預測他的回答，甲就有必要知道他的初始心理活動的準確狀態。

現在讓你做為愛倫．坡小說中的那位男孩出場，考慮到現實因素，你在和別人進行猜硬幣博奕時不能假定對其心理狀態有準確的瞭解，即使對方因此而失去了隨機的硬幣的機會。由於你對他的初始心理狀態沒有把握，因而隨之而來的他的一連串的思想活動對你來說也都具有不確定性。如果對方所有可能的思想活動都以較高的機率收斂於同樣的結論，這會給你帶來一些小小的困難。在猜硬幣博奕中理性的思考者並不能得出一個惟一的結論，他們的思想活動是一個依賴於參與人的初始心理狀態的發散過程。

認為你在預測對方思想活動時要對其的初始心理狀態作充分瞭解的假設在多大程度上是合理的。愛倫．坡的小說中的那個小孩透過觀察對手的面部表情來瞭解他的心理狀態，但我們必須記住小說中的這個男孩只不過是杜撰而已，

在真實生活中需要對方對此盡可能的無知。猜硬幣博奕只是你和對方的一系列博奕中的一環而已，而你因此有機會研究他過去的行為並得出他無意中作出行為的模式。因為未經訓練的物件在生成隨機策略時通常很拙劣，這可能為你戰勝對方提供了可乘之機。

我們再來看另一種並不隨機的隨機方式。

設想，如果你的對手很熟悉並喜歡徐志摩的詩，就可能會根據《雨巷》這一首詩有偶數句還是奇數句來隨機作出硬幣出現正面還是反面的選擇。你當然會猜對方在做什麼——但你又在多大程度能猜中呢？

可能對方自己也不知道為什麼要在徐志摩的眾多詩中選出這一首來，而沒有選別的。要在這件事上猜中對手的心理活動，你甚至需要比他自己還要瞭解他。顯然，這是不可能的。

儘管你的對手所作的第一個決策是悉心思考的結果，但在你看來，這一決策無異於隨機策略。因為，在猜硬幣博奕中選擇正面，是你的對手思考後作出的一個決策，但從你的觀點看來，他正好是選擇了一個硬幣正反面出現機率相等的策略。也就是說對手根據隨機事件來選擇正反面的決策對他來說是經過思考的，而你卻無法預測到這種看似不隨機的策略。沒有機會借助隨機方法而經過深思熟慮的選擇的策略必然也是發散的、隨機的。

在猜硬幣的博奕分析中，我們會發現博奕中採用的策略越複雜，就越加顯得雜亂無章。反過來，如果你過於簡單地採用一個隨機的策略，對方反而找不到你反應的規律。隨機策略並不像我們當初想像的那樣「愚蠢」。

39 兩車相遇，如何避讓

所謂的均衡，只是博奕的最「穩定」結果，或者說是最可能出現的結果。

在博奕中納什均衡點如果有兩個或兩個以上，結果就難以預料。這對每個博奕方都是麻煩事，因為後果難料，行動也往往進退兩難。一個小例子就是兩個騎自行車的人對面碰頭，很容易互相「向住」：因為不知道對方會不會躲、往哪邊躲，自己也不知該如何反應，於是撞到一起。

自行車相撞一般不會造成什麼大麻煩，可是如果換成馬車、汽車，就可能出現傷亡。所以，應該有一個強制性的規定，來告訴人們該怎麼做。

開車的時候你應該走哪一邊？假如別人都靠右行駛，你也會留在右邊。套用「假如我認為他認為」的框架進行分析，假如每個人都認為其他人認為每個人都會靠右行駛，那麼每個人都會靠右行駛，而他們的預計也全都確切無誤。靠右行駛將成為一個均衡。

不過，靠左行駛也是一個均衡，正如在英國、澳大利亞和日本出現的情況。這個博奕有兩個均衡。均衡的概念沒有告訴我們哪一個更好或者哪一個應該更好。假如一個博奕具有多個均衡，所有參與者必須就應選擇哪一個達成共識，否則就會導致困惑。

海上航行也要面臨同樣的問題，儘管大海遼闊，但是航線卻是比較固定的，因此船隻交會的機會很多，這些船隻屬於不同的國家，如何調節誰進誰退的問題呢？

海上避碰也有像許多國家規定車輛在馬路上靠右走那樣不容談判的規矩。人們規定，迎面交會的船舶，各向右偏一點兒，問題就解決了。十字交叉交會的船舶，則規定看見對方左舷的那艘船要讓，慢下來或者偏右一點兒都可以。這就從制度上規定了避讓的方式。

這十字交叉交會時如何避免碰撞的規矩，就是上述博奕的兩個納什均衡中的一個。究竟哪一個納什均衡真正發生，現在就看兩船航行的相互位置。如果甲看見乙的左舷，甲要讓乙原速直走；如果乙看見甲的左舷，乙要讓甲原速直走。

假設你正走過人行橫道，有一位司機示意要你在他的車子前面穿過馬路，此時你和這位司機便處於協調博奕中。假如你們兩個人想要同時穿越馬路，就會出現最不好的結果。當這位司機示意要你先走時，他其實是在告訴你說，他會停下來。既然這位司機沒有什麼理由要故意誤導你，你就應該照他的意思穿越馬路，並相信這樣才能避免意外。

協調彼此的行動，以避免意外的博奕形式，在協調博奕中，你永遠都應該相信對方，因此不好的結果比較容易避免。而在「膽小鬼博奕」中，我們知道對方則會再三強調他一定會直走，也就是他們彼此懷疑對方，於是意外反而會發生，因為雙方不能靠溝通來避免傷害。

某些博奕中，合作對參賽者有益。對兩個參賽者來說，隱瞞本身的行動或謊稱自己下一步的打算都是不智之舉。在這樣形態的博奕中，參賽者需要協調彼此的行為，對雙方都有利。

紅綠燈就是現實生活中典型的協調機制，是所有司機都要參與的博奕。兩個司機在十字路口相遇時，雙方都可以選擇繼續走或停下來。雖然兩位司機都不希望停下來，但如果兩個人都繼續走的話，很可能會出問題。

上面的例子是通過規定解決了問題，不過，若是遇到電話打到一半突然斷了的事，你該怎麼辦？

假如你正在和女友通話，電話斷了，而話還沒說完。這時有兩個選擇，馬上打給對方，或等待對方打來。注意：如果你打過去，她就應該等在電話旁，好把自家電話的線路空出來，如果她也在打給你，你們只能聽到忙音；另一方面，假如你等待對方打電話，而她也在等待，那麼你們的聊天就沒有機會繼續下去。

一方的最佳策略取決於另一方會採取什麼行動。這裏又有兩個均衡：一個是你打電話而她等在一邊，另一個則是恰好相反。

一個解決方案是，原來打電話的一方再次負責打電話，而原來接電話的一方則繼續等待電話鈴響。這麼做的好處是原來打電話的一方知道另一方的電話號碼，反過來卻未必是這樣。

另一種可能性是，假如一方可以免費打電話，而另一方不可以（比如你是在辦公室而她用的是住宅電話），那麼，解決方案是擁有免費電話的一方應該負責第二次打電話。還有一種比較通常的解決方法是，由較熱切的一方來打電話，如一個喜打電話成癮的家庭主婦對談話的熱情很高，而她的同伴就未必這樣，這種情況下通常是她打過去。再如戀愛中的男女遇到這種情況，通常也是由主動追求者打電話。

假如不考慮以上因素，那麼打這個電話又得用到這種「混合策略」了：設想雙方都投硬幣決定自己是不是應該給對方打電話，根據前面給出的條件，兩人這種隨機行動的組合成為第三個均衡。

假如我打算給你打電話，我有一半機會可以打通（因為這時你恰巧在等我打電話），還有一半機會發現電話占線；假如我等你打電話，那麼，我同樣會有一半機會接到你的電話，因為你有一半機會主動給我打電話。

每一個回合雙方完全不知道對方將會採取什麼行動，他們的做法實際上對彼此都最理想。因為我們只有一半機會重新開始被打斷的電話聊天，我們知道我們（平均來說）要嘗試兩次才能成功接通。

我們現在簡要回顧一下。在同時行動的博奕中，有三個行動法則：一是尋找和

運用優勢策略；二是尋找和避免劣勢策略，同時假定你的對手也在這麼做；三是尋找和運用均衡。

均衡不一定是博奕的最優結果。在「囚徒困境」中，惟一的均衡是一起招認，站在群體的角度，這是最壞的結果。均衡只是博奕的最「穩定」結果，或者說是最可能出現的結果。

40 怎樣才能找到理想的伴侶？

對於重要的事情來說，追求最好是很差的決策原則。說起來，追求卓越的心態是許多已經不錯的人的頭號敵人。

蘇格拉底的三個弟子曾向老師求教：怎樣才能找到理想的伴侶？蘇格拉底沒有直接回答，而是把他們帶到一塊麥田，要求他們沿著田埂直線前進，不許後退，而且僅給一次機會選摘一枝最大的麥穗。

第一個弟子走幾步看見一枝又大又漂亮的麥穗，高興地摘下了。但是他繼續前進時，發現前面有許多比他摘的那枝大，只得遺憾地走完了全程。

第二個弟子吸取了教訓，每當他要摘時，總是提醒自己，後面還有更好的。當他快到終點時才發現，機會全錯過了，只好將就著摘了一個。

第三個弟子吸取了前兩位教訓。當他走到1／3時，即分出大、中、小三類，再走1／3時驗證是否正確，等到最後1／3時，他選擇了屬於大類中的一枝美麗的麥穗。雖說，這不一定是最大最美的那一枝，但他滿意地走完了全程——因為他知道，自己已經盡可能爭取到最好的結果了。

注意那個結果最好的弟子的策略：1／3。為什麼這是一個比較理想的比例呢？

事實證明，選擇最佳物件的最好搜尋策略，就是在冷靜地比較若干樣本後，選擇下一個高於他們全體的那一個，稱為約會比率與等待流程。失去最佳選擇的風險約有1／3，但是你已經竭盡所能了，而且你還有大約1／3的機會挑中最想要的那一個。

假定你是個女性，決定要結婚，你身邊社交圈裏有一百個合適的單身男子都有意追求你，你的任務就是，從他們當中挑選最好的一位作為結婚對象。但要從這一百個裏面選出最好的一個並非易事，你該怎麼做才能爭取到這個結果？

首先你想到的是和這一百個人都接觸一遍，瞭解每個人的情況，將各項素質分別打分，經過對比篩選，找出那個最優秀的人。

可惜在這個遊戲中，條件是嚴格限定的：每個人你只能約會一次，而且只能當

場決定選擇還是放棄，一旦你選擇了其中一個，你就沒有機會再約別人了。這些條件似乎有點苛刻，其實在生活中，多數情況下機會是不等人的，等你左挑右選，把一切都規劃好了，人家可能早就成了別人的如意郎君。所以，這樣限制是有道理的。

要從一籃蘋果當中挑出一顆最好的，一個個比較是最佳法則，因為每一個都可能是最好的，也可能是最差的。所以你得開始約會——還有什麼更好的方式可以用來檢驗這些人嗎？但是約會和選蘋果是不一樣的，挑選蘋果可以把兩顆拿起來比一比，可是正如我們已經說明的，在這個遊戲當中一次只能跟一個候選人約會，每次約會後就必須立刻決定這個人有沒有可能是最好的一個，雖然有很多人你還沒約會過。一旦某位幸運的男士中選，你就不再約會。

還有一個遊戲規則必須遵守，約會之後一旦你決定淘汰這個人，他就永遠出局了。也就是你不能和每個候選者約會後，再把他們貼上排名，最後才從裏面挑最好的一個。統計學家稱這種一邊搜集資料一邊作決定的決策過程為「運次決策」。

接下來的問題其實很簡單，你希望選到最佳伴侶，但是又該如何在既定的規則下，將找到理想物件的機率最大化呢？如果太早結束約會生涯，就等於放棄了在那群還沒約會的物件中，找到一個比現在更好伴侶的機會，倉促的婚姻將使你終生悔恨。匆匆結婚後的漫長悔恨，這種事在現實生活中並不少見。不過，話說回來，如果你等得太久，最好的那個又可能已經從指間溜走，要補救也來不及了，這種事在現實生活中也是經常發生的。

那麼到底什麼是最佳的策略呢？最佳的策略就是能夠給你最大成功機會的策略。縱使無法100%肯定，但是你知道自己要的就是最大的成功機會。要把這個遊戲變得很簡單了，也就是把選擇的過程最合適化即可。

顯然，你不應該選擇第一個遇到的人，因為他在一百個當中名列第一的機會只有1%。這個機率可以說是非常的渺茫，直接把籌碼放在第一個人身上，也是最糟的賭注。同樣，第二個人、第三個人，甚至後面的人，情況都一樣，每個人都只有1%的機會可以成為一百個人當中的第一名。如果你真心想要找到最好的，就不應該隨機選擇。

但是這裏有一個問題：假如你約會的頭一個碰巧是最好的那個呢？你把他淘汰掉了，以後約會的對象「一個不如一個」，豈不是遺恨終生嗎？你不應該選擇第一個出現的對象，因為第一次約會就碰到最佳伴侶的機會微乎其微，只有1%。即使這個人真的很優秀，你也要忍痛割愛，因為你不知道在這一百人裏，他到底排在什麼位置。

這只是個遊戲，如果你在現實生活裏找對象不必如此。因為在遊戲中，這位女性對這一百人原來一無所知，而在生活中，即使沒談過戀愛，你對異性也有很多瞭解，例如你的父兄、親屬、朋友、同學等等，在很大程度上，你已經知道什麼樣的

男人可以交往，什麼樣的不能。也就是說，你心中早已有了一個標準，這和遊戲中假設的不同。所以如果你在現實裏遇到一個好男人，你應該把他留下，而且你們只要還沒結婚，「騎馬找馬」也不能算不道德。

現在我們討論選擇策略。一個最有效的方法是：將第一組人（比如說先取十名）作為試驗品，就好像在糖果店或麵包店裏的試吃品一樣，之後如果遇到比這組人更好的對象，就可以考慮嫁給他了。這個方法既可以在候選人之間作比較，同時也不會與現實太過脫節。你可以給每個約會對象評分，以十分為滿分，當分數高於前十人的物件出現時，他就是最後的贏家。你要做的就是從前十個人當中獲取一些經驗，作為評估他人的基礎。

值得注意的是，運用上述策略時，有兩種情況會使你損失慘重。第一，如果前十名剛好是全部裏面最糟的，碰巧下一個又是倒數第十一名，那就算你倒楣了，你將面臨一個相當壞的選擇，雖然不是最壞，不過也夠糟的了，並錯失選擇最好的機會。因為既然這個倒數第十一名已經比前十個都要來得好，依照上面的決策模式，選擇他是不會錯的，可是其實首選物件仍在苦苦地等待著你，只不過你還處於約會初期，絕不會知道這點。這就像是成天在一群奇怪的人周圍打轉，和這些人相處的經驗將扭曲你對正常人的印象。

第二種狀況正好相反，就是最好的選擇恰好已經在前十個當中，導致你設了一個永遠無法達到的高標準，在未來的約會中不可能再遇到和他們一樣好的，最後只好在所有機會都出現後選擇第一百個。而這第一百名頂多只是中等標準。那麼，終其一生，你將幻想著，要不是放棄了那一個人，結果就會如何如何。采行這個策略有大輸、大贏的機會。在運用此策略的情況下，你將有1／4贏的機會，也就是與最優秀的人結婚的機率達25％。這當然比隨機選擇好得多，但還沒有十足的把握。因此，接下來，你得決定排名第1、第3，或第5的次佳選擇。

那麼是不是還有更好的決策呢？當然，在這個案例中，由於你只從一百個候選人當中取了十個樣本，而最佳選擇剛好在樣本中的機會只有1／10，因此第二種錯誤（也就是讓最佳選擇從手中溜走）的發生機會相當小。所以，在此類錯誤風險不高的情況下，也許你會願意提高抽樣的數目，這樣就有更多的經驗來增加自己的判斷能力。因此如果運用相同的策略，但是將樣本數改為二十，那又會如何？如此一來，雖然最佳選擇從手中溜走的機會將會從1／10增加到1／5，但也會大大降低設立過低標準的可能。這是一種交換條件，如果有一邊更好，另一邊就會更糟。那麼如果抽樣數目是三十，甚至四十，又會如何？

說了這麼多，你可能已經明白了一點：這是一個兩難選擇，如果你抽取的「樣本」太少，你得出的結論可能並不準確；可是如果你取樣太多，結論倒是準確了，可是又很有可能錯失最佳選擇（他正好在取樣裏，被犧牲掉了）。那麼，在這樣的

選擇中，有沒有個最佳樣本數的存在？如果有，那麼該是多少？

看看那些已經確認的因素。你到底是不是確定你的動機和企圖？你是不是真的一定要從那一百個物件中挑出最好的下一個？

但是追求最好選擇也是有缺點的。如果最好的候選人就在你抽取的樣本之中，你就必須嫁給一百個裏面最後和你約會的人（儘管是壓箱貨，卻未必是最差的）。在這個遊戲中他可能選平均水準，但是在現實生活中，由於別人也在追逐之中，因此這傢夥可能就沒這麼好了。如同蘇格拉底的方法，你有1／3的機會挑中最好的物件，至於挑到平庸之才，甚至水準以下物件的機會也一樣約各1／3。這種情況就好像是在網球比賽中嘗試發球得分一樣。

所以，再回到那個僅容許約會十次的方式，並作進一步的討論。由於最佳人選在第一群人裏面的機率只有1／10，因此他還有90％的機會留在尚未和你約會的那九十個人當中。惟一不能保證你和他結合的因素，就是當2號人選剛好也在那十個人之外，使你在和最佳人選相遇前，就選了第2號。這是因為既然他們兩人都比前面十個人來得理想，那麼根據遊戲規則，不管你先跟誰約會，你都會選擇先出現的那一位。事實上，第3、第4人選在那十個人之外的機率也是一樣的。因此，婚前約會次數太少將會降低你和最佳人選擦身而過的機會，卻也會增加你跳過最佳人選而選擇次佳者的機會。但是這種結果真的這麼差嗎？這就要看你在一百人當中若只選中次佳人選時會不會自怨自艾了！好像有一點兒自負，是不是？

現在，我們知道為什麼要明確動機了。如果你的動機就是找到最好的那個人，你就不得不承認現實：沒有一個策略可以保證實現這個目標。

也許我們應該保守一點來玩這個遊戲，運用同樣的規則，但追求不同的目標。換句話說，不把追求最佳人選作為最大目標，而是設法避免挑到最差的人選，這就稱為規避風險。也就是說，在賭博的時候（你的確是在賭博，只不過不是用一般的籌碼），你應該設法減少損失而不是一味追求高利潤的報酬。就像賭馬挑品種比較好的馬，就是為了規避風險。在這樣的前提下，你的策略又會有什麼轉變呢？

確定這個前提後，就算你認為挑中次佳人選並不可悲，你也不必為了簡化約會過程，而將約會人數從三十六個人降到十個人。比較好的做法是，把前三十個人當做樣本，然後跟前面的做法一樣，挑選下一個比他們更好的物件。這樣雖然挑到最佳人選的機會稍微降低，但是仍有高於50％的機會挑到最佳或是次佳人選。更不必到約會終了，甚至在咽下最後一口氣時選。這樣做是比較合理的，以次類推，如果你認為這一百個人裏面的前五名都可以接受，那你只需要二十個樣本，這樣你就有70％的機會可以找到前五名的物件，也就是說，只要動動腦筋，就有將近1:3的機率可以遇到一百個人當中的前五名。

這種比較保守的策略並不會降低挑中最佳人選的機會，只是把比率從37％降到

33%，下降的幅度甚至很難察覺得出來。你只要放棄一點點獲得最大獎的機會，就能大大提高平均成果，也把找不到合適物件的機率降低了50%。

這個遊戲有許多不同的可行策略，最適合你的策略（應該作為個人決策的指導原則），就看你的目標定得有多清楚。你可以說我只要最佳人選，這是第一種策略，但也必須接受可能會敗得很慘的事實。或者，你可以稍微降低一下標準來減少損失。總之，你必須事先搞清楚自己到底要找什麼樣的物件。因為對於每一組清楚確認的目標而言，其相對應的策略都有不同的約會比率與等待過程。這一點應該並不意外，因為每個人在日常生活中都是這麼做的。

很抱歉，魚與熊掌就是不能兼得，所以對自己的目標就要定得實際一點。實際上邊學邊可以

調整目標，根據經驗和資源來調高或降低你的標準。多數人都可以靠直覺來調整目標，這就是所謂的動態策略，只要能夠明確說出想要什麼，就一定有辦法達成願望。

當然沒有事情是100%肯定的，《聖經》上有「跑在前頭的未必贏」的話，但是可能你也會同意戴門．朗尼思所說的：跑在前頭的人未必贏，但他還是你該下注的物件。

41 相親中的比較策略

不相上下的兩個選擇，在單獨評價和比較評價時會有不同的效果。

讓我們再來看一個相親的策略。

如果你是個女孩子，有個朋友給你介紹男友，約定今天見面。你當然知道第一印象是多麼重要，尤其是女孩子。於是你精心打扮了一番，此時你的一個最要好的朋友也有空，並打算為你參謀參謀。這時，你就要盤算一下，是不是要帶她一起去。

如果你長得漂亮而你的朋友很醜，那就帶她一起去，因為這樣可以反襯出你的美，你的優勢就要比你一人去時更突出；反之也同理，如果你並沒有你的朋友長得漂亮，那麼你就不能帶她去，免得你在她面前相形見絀。這種策略並不難做出。但是如果你的朋友和你一樣漂亮，或者一樣丑時，你又該如何是好呢？

博弈論的學者給出這樣的結論：不相上下的兩個選擇，在單獨評價和比較評價時會有不同的效果。

具體點說，如果你們兩個都漂亮，你就應該選擇一個人去，因為對方在單獨評價你時，會將你和他日常見過的其他女孩子比較，這樣一來，漂亮優雅的你就比較

有優勢。但是如果帶了美麗朋友同去的話，他作的就是比較評價，很有可能就在你們兩人之間比來比去，沒准還會發現你們相對的不足。

如果你們兩個都很醜，這時你們應選擇一起去。因為如果一個人去的話，他同樣會將你和他日常見過的女孩子比較，那樣你就有可能毫無希望了。而如果你和你的朋友一同去的話，他就是在你們之間作比較評價，沒准會從中看到你們兩人的相對優勢，對你來說起碼增加了成功的機會。

醜，畢竟也是一個仁者見仁，智者見智的事。但是如果你有一個很明顯的醜陋標誌，比如說臉上有一塊胎記什麼的，而你的朋友卻沒有，你擔心這塊胎記會影響那位男士對你的看法。而同時相對室友而言，你對自己談吐、知識等又是很有信心的。此時你應該選擇怎樣的策略？帶室友同去嗎？

此時，在你和室友之間同時有兩個被評價的特徵——隱性的特徵（談吐、知識等）和顯性特徵（即胎記）。胎記印在臉子上是很明顯的，有和沒有都能很容易地判斷，所以在易評價特徵上你是有點吃虧的，如果你一個人去的話，男士一眼看到你脖子上的胎記可能會對你的形象大打折扣。但是對你的知識面，他卻無法知道究竟怎樣才算是淵博的，考慮到要突出你這個佔優勢的難評價特徵，應該選擇和室友同去，在你們暢談古今中外之時，方能顯示出你的才華和魅力，而這時你臉上的胎記也就顯得無足輕重了。

但如果情況剛好相反呢？你的知識面並沒有室友淵博，而室友的脖子上有塊明顯的胎記，很是影響她的外貌，而你卻乾乾淨淨的。此時你就要一個人去了，要在被單獨評價的環境下突顯自己的優勢。

這樣的策略可以被廣泛地應用于諸如求職、產品促銷等方面。就拿產品銷售而言，假設你是一家家電製造商經理，你正為公司開發的新產品推向市場應該採取何種渠道而煩惱。主要原因是你知道市場上目前還有另外一家公司和你們同時在生產該種產品，幸運的是，目前市場上也就你們兩家公司在生產這種產品了，你們沒有其他競爭者。現在你們雙方都即將把產品推向市場。行銷渠道是固定的，你可以選擇和競爭對手的產品在同一個櫃檯銷售，也可以選擇和他在不同的地點銷售。

如果認為自己的產品明顯優於對方產品，應該採取與他在同一渠道銷售的策略，由此在消費者選擇時，通過比較評價更突顯自身優勢，以牢牢地佔領市場。

如果認為敵強我弱的話，則選擇與他在不同渠道銷售，以避免由於比較而突顯的劣勢。

如果敵強我強的情況，則也應該選擇在不同的渠道銷售，以避免撞車。因為如果在一處的話，消費者在比較評價時難免會挑點各自的毛病，可能會發現一個品牌相對另外一種的缺點，反而會降低產品的吸引力，搞不好兩敗俱傷。

如果我們雙方的競爭力都不是很強，那應該選在同處銷售。

如果兩家產品都比顧客單獨判斷時使用的參照標準差的話，那麼把他們擺在一起出售可以使消費者將目光停留在這兩種產品上，在互相比較的時候會發現商品的一些優點，可能對雙方來說都是有希望的。而如果消費者是單獨判斷的話，可能會拿與之其相關產品比較，從而突顯了自己產品的缺點。而在兩個同類產品之間進行比較評價時，則可以避免這一點，雙方都能夠獲得提升。

如果己方產品和對方產品都有兩類特徵：一類是難評價的特徵，另一類是易評價特徵，當己方產品在難評價特徵上優於對方，卻在易評價特徵上不如對手的話，應該選擇與對手在相同的地點銷售，即爭取被比較評價。因為如果是被單獨評價的話，消費者光從功能的多少上就對對方產品有了好感，但是在單獨判斷時他們無從知道重量上哪個好，也就無法知道自己產品的優點。而在比較評價時，消費者就能清楚地判斷出兩種產品的優劣，而最終可能選擇實用性更強的己方產品。

如果己方產品在易評價特徵上佔優勢，卻無法在難評價特徵上與對手相抗衡，則應該避免被比較評價。正常人在單獨判斷時，往往會被那些易評價但不是特別重要的特徵所影響，從而做出失誤之舉。所以為了更理性些，你應當盡可能地尋找可比較的參照資訊，將難評價因素變得易評價些，從而使你的決策更理性。

我們都希望找到最好的那一個，但是如果你把這作為惟一目標，你可能得不償失。

42 女王選夫的故事

讓我們再來看一個「女王選夫」的故事，之所以這回把主人公定為女王，是因為她的地位會使她有更大的權力。女王想要選擇一個丈夫。於是她找來兩個大臣，讓他們去各地尋找。

大臣們各找回一個候選者，分別是A和B，為了衡量這兩人的實力，他們還為候選者的各項素質（健康、智慧、容貌、口才、才能、門第、聲譽）分別打分，假定打分十分公平，是否能夠選出最佳的一個呢？

現在假設，A的總分比B高，似乎選他是正確的。可是B也有優勢，在七項素質中，他有四項超過了A，一項打成平手，只有兩項落後，就綜合實力來說，他似乎更為合適。

誰更合適？其實，問題應該是哪種策略（總分決勝還是「素質比較」）更合適。由此我們也可以看出，要找出「最佳人選」多麼難（如果不是不可能）。

當然，還可以有別的辦法，比如女王親自體驗一下，根據自己的感覺決定。但

是這個辦法也有風險，有些人就是中看不中用，剛一接觸使人如沐春風，可是時間一長就覺得面目可憎。感覺總是不太可靠的。

還有一個辦法就是看女王究竟最看重哪個素質，比如女王只希望那個丈夫生龍活虎，那麼智慧云云就不那麼重要了。比較合理的策略可能是將各種策略綜合起來，比如先畫定一個及格線，在這個及格線上選擇某種素質最突出的；或者掉過來，選擇總分高，同時某個素質也不太差的。這樣結果雖然不一定最好，但一定很不錯。

在我們面對選擇時，決策的核心並不在於結果的最優（因為這不一定能保證），而是決策過程的最優化，只要你的策略合理，結果當然也不會差。

我們都希望找到最好的那一個，但如果你把這作為惟一目標，你可能得不償失。

一個最重要的理由是：你很難找到一種方法來保證實現這一理想。人不是機器，不能用「型號」、「運算速度」、「行業標準」之類的東西衡量，人比任何機器都複雜得多。你也許會想到考試這種方式，其實你的考題出得很不錯，也只能反映某些素質，更不必說還有紙上談兵和口是心非之類的不確定因素。

按圖索驥也是人們常犯的毛病，好多少男少女正是以心目中的偶像（通常是浪漫影視和大眾媒體營造出的不真實的形象）作為擇偶標準。這種標準至少有兩個問題：其一是似乎認為人也像某種高級商品，是可以批量生產的；其二就更糟糕：如果真的享受不到，就弄個假貨自欺欺人。當然，我們都希望得到高標準的，但如果你不學會降格以求，恐怕只能孤獨下去。

時間不會倒流，機會往往也是如此。如果你的標準過於苛刻，就會喪失許多本來可以抓住的機會。你一定聽過這個故事：女兒年齡漸大，還是不肯結婚，父親很是著急。女兒不以為然，說：「沒關係，海裏的魚還多著呢。」父親回答：「可是魚餌放得太久，就沒有味道了。」

在愛情問題上有許多神話，人們炮製這些神話的初衷是好的，但是如果你信以為真，結果可能就不是好的了。最典型的一個神話就是所謂「另一半」：這世界上的男男女女都只是半身人，每個人都有屬於自己的另一半，而我們戀愛的目的就是要找到那個「另一半」。這說法挺叫人感動，但於事無補。它的意思是：有（而且只有）一個最佳答案。姑且先承認這一點，可是世界上和你年齡相仿的女人或男人有好幾億，而你所能接觸到的不過一二百人，指望從這個小的範圍找到那個「正確答案」，可能性約等於買一張彩票即中大獎的機率。如果某人把改善命運的希望完全寄託在中彩票上，我們會認為此人精神出了問題，在愛情上，道理也是一樣。

其實，無論是選擇愛情也好，工作也好，人生道路也好，「正確答案」只在理論上存在。與其在這上面糾纏不清，不如通過理性的態度，選擇合理的策略，爭取一個較好的結果。

43 分粥遊戲與制度的形成

公平不等於平均，平均主義實質上是最不公平的。制度公平所追求的是主體地位的平等和面臨機遇的均等。

這裏有一個分粥遊戲。

七個人組成了一個小團體共同生活，通過制定一個合理的制度來解決他們每天在吃飯時遇到的問題：在沒有稱量用具和刻度容器的情況下，公平地分食一鍋粥。他們試驗了不同的方法，主要有以下幾種可能。

第一種方法，指定一個大家都信得過的、所謂品德高尚的人主持分粥。開始時，這個品德高尚的人還能基本公平，但時間一長，他就開始為自己和給他溜鬚拍馬的人以及他的親戚多分粥。結果每個人都為了能得到分粥的特權而不擇手段，最終導致大家相互之間爾虞我詐，風氣越來越敗壞。

第二種方法，大家輪流主持分粥，一週之中，每個人分一天。這樣等於承認了每個人都有為自己多分粥的權力，同時也給予了每個人為自己多分粥的機會。雖然表面上看起來平等了，但是每個人在一周中只有一天是吃得飽而且還有剩餘的，其餘六天都饑餓難挨。結果導致大家相互之間的加倍報復，資源的分配越來越不平衡，矛盾也越來越激化。

第三種方法，選舉一個分粥委員會和一個監督委員會，對分粥進行監督和制約。公平基本上做到了，可是由於監督委員會常提出多種議案，分粥委員會又據理力爭，等分粥完畢時，粥早就涼了。這樣的結果是效率極其低下。

第四種方法，每個人輪流值日分粥，但是分粥的那個人要最後一個領粥。令人驚奇的是，在這個制度下，七只碗裏的粥每次都是一樣多，就像用科學儀器量過一樣。每個主持分粥的人都認識到，如果七只碗裏的粥不相同，他確定無疑將享有那份最少的一碗粥！

從分粥遊戲可知，形成、制定和推行某種遊戲規則並不是一個簡單的過程。遊戲規則的制定也是一個博奕制衡的過程。

從「分粥」最終形成的制度可以看到：任何人都可以得到自己應得到的利益，但任何人又難以為己私利而損害他人的利益；任何人都可以行使自己能行使的權利，但任何人又不會因行使自己的權利而妨礙別人——這也許正是建立制度的本義。

制度的形成是一個達成共識的過程。制度本質上是一種契約，必須建立在組織成員廣泛共識的基礎之上，沒有人會積極參與自己不同意的事。

「分粥」與大家的切身利益相關，並且幾經探討和試驗，最終找到了大家都認

可的分配辦法，這便為徹底實行這一辦法打下了良好的心理基礎。現實中許多制度之所以形同虛設，主要一條原因是缺乏共識，在制定制度的過程中沒有徵求組織成員的意見和建議，只憑企業主管或管理層「拍腦門」、「想當然」辦事。

制度的推行又是一個博奕的過程。一種制度是否有效，往往要看它能在多大程度上兼顧企業和員工個人的利益，亦即是否找到了整體目標與個體目標的納什均衡。要達到這一均衡，組織成員間不經過良性博奕是不可能實現的，而博奕中既含有妥協與合作，也包括不滿與爭執。「分粥」遊戲規則的形成即是這一過程的集中表現——互動使人們既認識到了個人利益，同時又關注著整體利益，並且找到了兩者的結合點。

制度是一個展示公平的過程。公平不等於平均，平均主義實質上是最不公平的。制度公平所追求的是主體地位的平等和面臨機遇的均等，它所要達到的是「使人有心之于平，不知使人無心之於不平」，它所要避免的是「設權衡以去私，而人即以去私成其私；猶立法以禁弊，而人即以去弊成其弊」。我們從分粥博奕中最終看到的正是這種人、事、物相宜，情、理、法相融，權、責、利相合的境界。

制度是保障一個企業正常運行的軌道，它所產生的是一種約束力和規範力，正是這種約束和規範使其成員的行為始終保持著有序、明確和高效的狀態。制約之力即是秩序之力，秩序之功亦為制約之功。

44 股市就是一個博奕市場

一個繁榮的市場自然交易活躍，當然也就不可避免一些投機現象，但是如果投機盛行，成為市場的「規律」，那麼這個市場一定要出問題。

很多人說：股市是政策市、資訊市、心理市，我們也可以說：股市是一個博奕市。

通過購買企業的股票，人們投資於企業；企業拿這些投資去發展業務，當取得利潤的時候，要按照股份分紅給投資者。這就是股市投資的基本原理。但是，由於股票是可買賣、轉讓的，這個簡單的問題就變得複雜了。股票也成了一種特殊商品，有供給和需求矛盾造成的價格波動，股市又是一個完全競爭的效率市場，股價的活躍程度大大超過任何商品，這就使得很多人參與其中是為了博取差價，而「投資——分紅」的原始意義反而被忽略了。

首先要探討的問題是，究竟有沒有可能根據決策理論找出最佳的投資策略。現在，已經有很多聲稱能為你帶來高額回報的股市分析軟體。不管對錯，一般人都相信分析股市的電腦程式能夠為他們帶來財富。就好像迷信的老太太相信老黃曆一樣。

這種一窩蜂地把相同程式或運算方法一次又一次賣給個別投資人，很可能會抹殺掉市場的多樣性，而無法維持原來的公平與穩定性。一旦每個人用相同程式，不論好壞，在同一時間都會顯示相同買或賣的資訊：不管對錯，長此以往，定會造成市場混亂。這種情況經常發生，但一般人還是很容易忘記寫這些程式的人不比自己聰明多少，他們也只在銷售這類產品的行業裏打滾罷了。

在股市中，人們常常提到「莊家」——實際上，這類「莊家」是不合法的，但是幾乎沒有人否認他們的存在。有人認為，在股市賺錢的惟一辦法就是「跟莊」，因為他們常有渠道獲得內幕消息，這些資訊是你我一般百姓所得不到的，而且，有時他們散佈這類資訊根本就是套散戶的陷阱。

儘管我們很難把投資與投機截然分開，但是這兩種行為是有很大的差異的。發達國家的股票市場發育早，容量大，股市投資的觀念深入民心。股民在居民中的比例比我們高很多，但是卻完全看不到那種人頭湧動、盯住證券交易所股市行情螢幕的情況。因為他們做的主要是長線投資，而且絕大多數把資金交給共同基金的專業人員去投資，去管理，讓他們分享一些利潤，所以自己不必計較股票價格一時一刻的漲落。而中國股市還處於初創階段，投機成分很大。

的確，在二十世紀九〇年代初期，許多股民利用投機短博發了財，但那是因為股市還遠未成熟，尚處於初創階段，幾次股市泡沫讓他們沾了很大的光。隨著市場經濟的發展和股票市場的逐漸成熟，「長線多賺，短博多虧」終將成為規律。

一位經濟學家曾打過一個有趣的比方，他說：「股市就像一杯啤酒，如果沒有一點泡沫，說明它不新鮮（沒有活力）；可是如果泡沫太多，啤酒就少了。」事實上也是如此，

一個繁榮的市場自然交易活躍，當然也就不可避免一些投機現象，但是如果投機盛行，成為市場的「規律」，那麼這個市場一定要出問題。因為說到底，支撐市場的是「啤酒」，而不是「泡沫」。回顧歷史我們也能看到，幾乎每一次「股災」前夕，都有一個「泡沫」沸反盈天的時期。無論是一九二九年席捲世界的經濟危機、一九九七年的東南亞金融危機、二〇〇〇年的網路股引發的股市大跌，都是投機過盛、泡沫破滅的結果。除了別的教訓以外，它還使人們懂得，社會心理是金融市場的重要因素。對於為賣而買的股市投機行為，心理因素的影響就更大。在「行情好」的時候，人們都趨之若鶩；可是一旦行情轉壞，人們又惟恐逃得不快，這正是股市大漲大跌的原因。

既然是股票市場，就不能排斥投機。但是短博多賺的階段終將過去。過去很少人做長線投資，這也不能全怪股民。例如，中國股市開放以來，迄今企業大多只通過發行新股籌集資金，很少有企業把利潤拿出去按股分紅。人們看到的，要麼只是配股，要麼每股只分幾分錢。中國股市這種相當長時間沒有實質分紅的局面，是許

多弊病的根源。

股票的原始意義在於：籌集資金用於生產以獲取利潤。然而現在買賣股票本身卻成了最可能賺錢的生意。擁有股權的人也許會身價百倍，所根據的不過是未來的期望。為賣而買的個別商品有一種奇怪的現象，就是如果大家都看好那種東西，一窩蜂你炒我炒，價錢可以炒到很高的位置，就會隨著所謂「博傻理論」繼續漲價。

所謂「博傻理論」（也被稱做「博傻遊戲」），簡單說就是：如果某件商品的價格高於它的實際價值，你買下它，你就是「冤大頭」；可是只要還會有更大的「冤大頭」願意花更多錢來買，你這個「冤大頭」就值得當。

金錢魔術的基礎就是「更大的博傻理論」——只要有這種人存在，價格就會繼續上升，大家都可以繼續賺下去。他們的資本家信念甚至相信無止境的增值，數位繼續呈螺旋無限上升。為了讓財富的大乘法繼續下去，必須能增加無限的需要。

由於公平市場的競爭相當激烈，而買賣雙方都得到相同的資訊，因此雙方所共同同意的價格，就代表某股票的市場價格，它表示雙方對該股票價值所展現的平均智慧，也代表個人根據手邊最充分的資訊仔細分析判斷後，願意接受的價格。嚴格來說，市場價格不是一個平均數，而是在任何一個時間點，最想買的買方願意付給最想賣的賣方的價格。這就是專家所稱的「效率市場」。個人要奪得先機，他的資訊必須比別人多或分析得更正確。

簡單地說，效率市場背後的理論就是，市場上有許多人進行分析，所以任何會影響某股票價格的因素或資訊都會立即散佈，廣為人知，並化為人的意識，且立即反映在股價上。有人會根據市場信息採取行動，甚至因此獲益，有些實驗也證實，在這類環境中，新聞與謠言傳播得特別快。所以，在效率市場裏，如果你的資訊與競爭對手無異，分析工具也不見得特別高明，你就得比別人更聰明、更認真，才能表現得比別人更好。像股市中的傳奇人士彼得．林奇等，這些個別投資人能夠一年年地發達起來，就是因為他們比別人花更多的時間在閱讀和瞭解各個企業的狀況，所以的確能比其他人知道得更多，付出努力和技巧定會有回報，即使再投資也不例外。當然，在某些時候也會看到沒有特別努力或技巧的人還是可以表現不錯，不過，就像我們一直強調的，這只是運氣好而已！尤其在投資這一行，正常來說，「大師」這個頭銜只有一年的壽命，少有例外。

另一條致富之道就是分析整體股市的統計資料，借此找出未來趨勢，而這類分析師也可以避免挑選個股的辛勞與痛苦。這種做法當然比較模糊也複雜，不過還是可以試一試。首先必須找出平均股價，而非特殊的股票，不過到了最後，還是會繞回兩者之間。

首先要問的是，到底造成每天平均股價變動的因素是什麼？有時，各式各樣的新聞會反應在股市上，並影響到未來投資。有人曾說：格林斯潘的臉色好壞，就會影響股市的漲跌。這類影響當然可好可壞，跟能否事先預測到利率的調整有關：如果已有預警，則市場變化會受下列兩者的影響，即預期利率調高或調低，與投資人認為實際發生的可能性。如果一般人買賣股票或債券時已預期利率的變動，不管猜得對不對，都有助於市場效率。同樣，戰爭、維持和平、政治事件等新聞都會影響市場的平均價格，如果你能比競爭者猜得更準，就可以因此獲利。每日市場平均的變動是由各種大大小小的因素所造成的，它們會影響到不同股票與投資，加起來就像賭場醉鬼隨機漫步的情況一樣。

然而，究竟這些變動有多隨機？以紐約證交所一個普通交易日來看，大約有一千種個股紅盤作收，一千種個股走軟，另有七百多種則維持平盤。如果這些漲跌變動真如習慣所稱的隨機，而個股變動也彼此獨立，那麼就可以採用平方根法則，以上漲與下跌個股支數的差約為一千，求其平方根，約等於三十左右，與實際的四十種相仿，屬合理範圍。因此，由這個粗略的案例，可看出個股漲跌就跟前面的那個醉鬼在斷崖邊漫步一樣，總和平均就像身處在千百個醉鬼的正中心一樣。

類似分析的研究結論是股市每日平均變化的確很接近隨機漫步，幾乎皆找不到可辨識的模式，這也跟效率市場概念相當一致，認為應能找出某種可加利用的規律，如果它真的存在；而這種規律也會對價格結構產生足夠的影響力以自我補償。如果可以接受這個概念，應該明白想利用平均值找出這個規律，就像要猜出一群醉鬼下一步想怎麼走一樣。儘管為了這些分析，投資人已花下大筆金錢，塞滿了預言家的口袋，但因為證據仍是模棱兩可，因此投資大眾永遠存有希望，大師們與其他賭博性企業家才能飛黃騰達。不過人們也不必全知全能，就可以利用所知的一切獲得成功。

再進一步往下探究，到底股市平均值日復一日的變動中，有多少是由隨機漫步的累積效果所造成的。同樣也可以用平方根法則及同性質但較複雜的定理來加以分析，結果亦很具說服力，只是不夠清楚明白，那就是每日、每周、每月平均值的變動多因市場上個股隨機、互不協調的變動所造成，就像是醉鬼移動路線一樣。人們在認知上常犯的謬誤是無中生有，自以為可在無規律中看出規律、在無秩序中找到秩序。

如果你希望在股市上賺錢，就該先明確你的目的。你要的是紅利還是博取差價？如果是前者，你就該像巴菲特那樣，選擇合適的時機，找幾支值得投資的股票（如業績良好、安全可靠、市盈率低等）買下，然後就該幹什麼幹什麼；如果是後者，你就要明白，實際上你是要從別人腰包裏掏錢，這可能與道德無關，但與策略大有關係。既然玩股票的大多輸錢，你就必須跟大多數人反著來。

當然，這裏不是要告訴你應該在大家狂跌股票時逆流而上，我們說過，股市是個心理市，兵敗如山倒時企圖做「中流砥柱」只能被踩成肉餅。你應該比他們反應

更快而不是更慢，別人瘋狂買進時你退出，市場一片低迷時進入，既然你就是要賺大家的錢，你就一定要先知道他們的玩法錯在什麼地方。

「跑贏大市」（即自己的收益高於指數增長）其實並不如想像的那樣容易，即使在所謂「牛市」中，個股還是有的會漲，有的會跌。如果能比別人早一步得到內幕消息，就可因此獲利。

用決策方法在股市使獲利極大化也非常複雜，且跟上述那些繁雜的統計脫離不了關係。所謂「快速上升通道」、「形態辨認」、「找出三上二下」等都不太管用，要從股價的過去走勢裏看出點端倪有如找出天上白雲像什麼，人人都辦得到。另一方面，證據也顯示股市運作並不完全隨機，市場更非有絕對效率，所以投資就像本書提到的其他例子一樣，對努力和擁有充分資訊的人相當有利，同時也讓懶惰與沒有資訊的人遭受損失。也許無知者真的有福，但絕不是在賺取財富方面。

有一位大主教曾呼籲信徒一定要永遠行在善惡間那條又直又窄的道路上，他指的是宗教信仰，不過這也正是破解股市的最佳方法。

其實，也許惟一「理性」的投資方法就是巴菲特式，除此以外，真的沒有任何策略保證你只賺不賠。

45 戰爭中的攻守博奕

在「攻城戰博奕」中，作為進攻方，你有50%的勝率，但是你不希望把勝利寄託在老天幫忙上——你是個軍事家，不是賭徒。你該怎麼選擇呢？

美國普林斯頓大學「博奕論」課程中有這樣一道練習題。如果給你兩個師的兵力，你來當司令，任務是攻克敵人佔據的一座城市。而敵人的守備是三個師，規定雙方的兵力只可整師調動，通往城市的道路有甲、乙兩條，當你發起攻擊時，若你的兵力超過敵人你就獲勝；若你的兵力比敵人守備部隊兵力少或者相等，你就失敗。你如何制定攻城方案？

乍一看來，你可能要說：「為什麼給敵人三個師的兵力而只給我兩個師？這太不公平。兵力已經吃虧，居然還要規定兵力相等則敵勝我敗，連規則都不公平，完全偏袒敵人。」

在這個遊戲中，假設守方的兵力比進攻方多，而且同等兵力也較強是有道理的，因為防守方確實要占一些便宜，比如以逸待勞、依託工事等，另外，進攻方集結兵力、投入戰場，都不如守方那樣方便（比如空投、渡河作戰，都要受制於交通工具的運載能力）；而且面對堅固防禦，至少在戰鬥開始的時候，攻方總要承受很大的

犧牲。類比作戰中規定若攻守雙方兵力相等則失敗，就表現了這個意思。

其實，這次類比「作戰」，每一方取勝的機率都是50%，即誰勝誰負的可能性是一半對一半。能否指揮隊伍克敵制勝，還得看雙方的策略得失。

為什麼說取勝的機率是一半對一半呢？

敵軍有三個師，它有四套作戰方案：

A 三個師均守在甲線路；

B兩個師守甲線路，一個師守乙線路；

C一個師守甲線路，兩個師守乙線路；

D三個師均駐守乙線路。

同樣，我軍有兩個師的攻擊兵力，可以有三套作戰方案：

(1)集中全部兩個師的兵力從甲線路實施攻擊行動；

(2)兵分兩路，一個師從甲線路，一個師從乙線路進城；

(3)集中全部兵力從乙線路進城。

戰果如何？

現在我們先把問題修改一下，既然你抱怨敵人比你多一個師很不公平，那麼就先減掉敵人一個師，看看有什麼不同。

敵人的選擇由四個變成了三個：

A全力防守甲；

B全力防守乙；

C分兵把守甲、乙。

你的選擇未變，還是三個。

你一定發現，無論敵軍怎樣佈防，你的勝利機率都達到了2／3。

如果敵人採取A，全力防守甲，你全力進攻甲，失敗；而全力進攻乙或分兵進攻都勝利。

敵人採取B，你全力進攻乙，失敗；而全力進攻甲或分兵進攻均勝利。

敵人採取C，只要你不分兵，無論進攻甲、乙，都能獲勝。

由此你會明白，為什麼同樣的兵力「守則不足，攻則有餘」的道理了，以及為什麼要多給敵人一個師才公平了。

現在，讓我們回到原來的問題，看看敵人在三個師的情況下會如何佈防。注意：敵人不可能採取用三個師全力防守甲或乙的方案（即A和D），因為佈置三個師和兩個師的效果是完全一樣的。所以敵軍必取B或C那樣的二一佈防，一路兩個師，另一路一個師。也就是說，敵軍的選擇其實只有兩個。既然如此，你就不可能採取分兵進攻的策略，因為那樣一定失敗。所以，你的選擇其實也只有兩個：全力進攻甲或乙。

情況最終就是這樣：我軍必集中兵力於某一路出擊。這樣，你若攻在敵軍的薄弱之處，你就獲勝，你若攻在敵人兵力較多的地方，你就失敗。總之，敵我雙方獲勝的可能性還是一樣大。

這雖然是一個類比的例子，卻具有相當的現實意義。

從表面看來，防守一方似乎占了很大便宜，兵力比對方多，而且每一單位兵力也比對方強，為什麼結果只是勉強和對方打成平手？進攻方又是拿什麼抵消掉這些劣勢的呢？很簡單，就是那「一先」：戰場主動權——可以決定何時何地開戰。

46 諾曼第的勝利

你當然希望進攻對手的弱點，但前提是你要知道對方的弱點在哪裡。

一九四四年春天，英美聯軍在北非戰場上徹底摧毀了德國隆美爾元帥的抵抗，德軍已經完全收縮到歐洲大陸，盟軍在歐洲西部開闢第二戰場的時機終於成熟了。

當時可供盟軍渡海登陸的地點有兩個：一個是塞納河東岸的布隆涅——加來——敦刻爾克一帶，這裏海峽最狹窄的地方只有幾十公里，是一個理想的登陸地點；另一個是塞納河岸的諾曼第半島，但是這裏海面較寬闊，渡海時間將比較長，比較容易被德軍發現。

當時，德軍在歐洲西線的總兵力近六十個師，但是要佈防的海岸線長達三千英里。顯然，德軍不可能把這些兵力沿海一字排開，只能把主要兵力放在它認為盟軍最有可能渡海登陸的地方。同時，盟軍在英國集結能夠用於渡海作戰的兵力，由於受登陸艦船容量的限制，數量也有限，只能考慮集中有限的兵力重點進攻一個地方。所以，無論是對於盟軍還是對於德軍，選擇和判斷盟軍將在哪裡登陸，已經成為這次跨海作戰成敗的關鍵。

守備歐洲大陸西海岸的德軍西線有兩個司令官，一個是出身貴族、有「德國最後一位戰略家」美譽的倫德施泰特元帥，另一個是屢建奇功的新貴、「沙漠之狐」隆美爾元帥。他們都估計到盟軍即將渡海進攻，但是在判斷盟軍的登陸地點上卻各執一詞。

倫德施泰特認為兵貴神速，盟軍多半會取道海峽較窄的加來一帶急速渡海登陸，這一帶正是倫德施泰特駐防的地方。而曾經在北非沙漠跟英國蒙哥馬利元帥和美國巴頓將軍鏖戰多時的隆美爾，憑直覺判斷盟軍將在他主佈防的諾曼第一帶登陸，主張在這一帶集中兵力。在旁觀者看來，兩位帥都認為應該重點加強自己的防區，雖然他們各有分析、各有理由，卻還是難免有「屁股指揮腦袋」的成分：駐守

在什麼地段，就論證自己這個地段重要。

在具體戰術上，倫德施泰特和隆美爾也有很大分歧。倫德施泰特主張「縱深防禦」，即先把登陸盟軍放進來，再發動強大反擊，圍殲盟軍的有生力量。隆美爾則清楚戰局已經逆轉，認為圍殲盟軍有生力量的目標無法實現，覺得最好的辦法只有在發現盟軍即將搶灘登陸之際，即趁其立足未穩，迎頭予以痛擊。為此，隆美爾要求給諾曼第增派裝甲師。這一請求沒有被處在兩個元帥之間態度模棱兩可的希特勒接受。其實，盟軍頻頻發出迷惑性的電報，製造即將發動在廣闊海岸線上全面進攻的假像，使希特勒過高估計了盟軍將用於渡海作戰的兵力，認為即使是在諾曼第一帶登陸，也不過是在從加來到諾曼第的廣闊海岸線上全面進攻的前奏。這也是希特勒優柔寡斷沒有聽取隆美爾的意見去全力加強諾曼第防禦力量的一個原因。

由於德軍分兵佈防，而盟軍攻其一點，諾曼地登陸獲得勝利。從此德國陷入兩線作戰的困境，敗局已經不可逆轉了。

好了，現在我們已經知道，在「攻城戰博奕」中，作為進攻方，你有50%的勝率，但是你不希望把勝利寄託在老天幫忙——你是個軍事家，不是賭徒。你該怎麼選擇呢？

你當然希望進攻對手的弱點，但前提是你要知道對方的弱點在哪裡。也就是說，你要掌握準確的情報。孫子說：「知彼知己，百戰不殆。」瞭解自己的優勢，同時洞悉對手的弱點，你就會獲得勝利。

這也就是軍事領域的「情報戰」或「資訊戰」。資訊戰分兩方面：

一瞭解對手資訊；

二保證自己的資訊不被對方瞭解。

還記得孫子所說的「形人而我無形」嗎？說的正是這個道理。所謂「形人」就是使對手的機動兵力變成僵化的陣勢，一舉一動都在我掌握之內；而我「無形」就是兵力保持機動狀態，使敵人無法作出正確判斷。如何做到「形人而我無形」呢？孫子說：「兵者，詭道也。故能而示之不能，用而示之不用，近而示之遠，遠而示之近……攻其無備，出其不意。」

諾曼地登陸就是一個「形人而我無形」、「攻其無備，出其不意」的成功戰例。儘管德軍早就知道盟軍一定會在法國沿岸登陸，並派出間諜刺探盟軍作戰計劃，但一直未能獲得準確情報。盟軍的情報戰更高一籌，不但保守住了機密，同時還通過利用雙料間諜傳遞假消息、在加來對岸部署假軍營、讓當時被解職的巴頓拋頭露面等手段，大放煙霧彈，使德軍如墮五里霧中。

另一方面，盟軍對德國軍隊的防禦部署卻比較瞭解。不但成功破譯了德軍的密碼系統（二戰時期，許多天才數學家參與了這一工作）、有法國抵抗組織和秘密特工源源不斷傳送情報，而且還通過早期的佯攻探明了敵軍防禦重點。在掌握戰場氣

候、環境資訊方面，盟軍也走在了德軍前面：登陸作戰開始時，德軍指揮官隆美爾元帥沒在現場，因為他得到的情報是「天氣惡劣，盟軍無法進攻」。於是他決定趁此機會回國治病，並爭取希特勒給他增派援軍。然而，盟軍的氣象專家卻更準確地預測到六月六日天氣將好轉。當隆美爾得知登陸戰開始時，他歎息道：「我真蠢！」

47 藍徹斯特定律

在歷史上，軍隊投降多半不是因為被擊敗，而是因為自以為被擊敗。

身為航空、汽車史的先驅，英國工程師藍徹斯特，也是把正規學術訓練用於戰術研究的學者之一，其理論基礎來自於研究第一次世界大戰的空中戰役。可惜他卓越深入的研究僅有少數現代軍官知曉，因為雖然軍事院校課程中都曾提到，不過卻很少得到重視。

藍徹斯特提供了一個基本的戰略思考原則。他設想了一個戰鬥模式（當然已過度簡化），敵對雙方彼此互相射擊，而且雙方在準確性、人員、武器等各方面都勢均力敵（第一次世界大戰以及前期與近期的戰鬥，常出現這類無意義的戰事）。藍氏最重要的見地是指出在這類戰鬥中，我方軍隊、船隻、戰機的攻擊火力和敵人的攻擊目標都跟我方軍隊數量成正比。因此，軍隊數量決定了我方的攻擊力：一方面增加自己的命中率，另一方面分散對方攻擊火力。而藍氏的基本假設就是雙方互射的命中率雖然低但都不是零。軍方用一個冗長拗口的名稱來表達對這種練習的崇高敬意：「擾亂阻進式射擊」。到最後，會出現兩種重大結果，這不難用數學算出來。

第一種結果是以軍隊數量的平方來代表我方的兵力，只要數量超過敵軍，其中的好處肯定出乎眾人意料之外。若我方軍隊數量多於敵軍三倍（軍隊、飛機、船艦、坦克等），就可以產生九倍於對方的戰鬥力。儘管在電視電影中，英俊強壯的好人通常可以只手打敗六七個壞蛋，不過現實生活中可沒有這種事。

平方定律是指所有人同時發動攻勢，不像電影情景，壞人輪番上陣跟好人對打（肯定讓自己後悔的戰術），好讓英雄可以各個擊破，自己卻毫髮無傷。如此一來，藍徹斯特定律當然不成立。

另一種藍徹斯特定律不成立的情況是一方的武力強過另一方，比如拳擊重量級冠軍可以輕而易舉、大氣不喘地撂倒幾個手無縛雞之力的人，一個拿著一枝衝鋒槍的士兵可以輕易制服一群手無寸鐵的平民。軍事專家喜歡稱這類先進武器或技巧為「武力乘數」。不過如果所有條件都成立，平方定律就會產生極大功效。

你一定知道許多戰爭中「以少勝多」的例子，這些例子似乎是違反上述原則的。可是，如果你仔細分析一下這些戰例，可能會發現：其中只有極少部分是通過以劣

勢兵力與對方的優勢兵力正面決戰而獲勝的，這種勝利又往往取決於某些特殊情況，如天時、地利，或對手只是一群烏合之眾，或者是自己一方戰鬥力超強。

更多的情況是：劣勢一方的統帥善於高效率使用他的少數部隊，他往往通過巧妙地設置假像使對手判斷錯誤，分散兵力，然後各個擊破。也就是說，雖然從雙方總的實力對比來說，勝利一方處於劣勢，但在每一場具體的戰役中，卻都是以優勢兵力擊敗對方的劣勢兵力。如果藍徹斯特原則正確無誤的話，那麼又該如何把決策智慧用於戰術呢？

如果你手下有十五支軍隊，而敵方則有十七支，兩方士兵戰鬥力相當，兩方的武器與地理位置並無優劣之分，而人數方面你則處於劣勢。因此，你的軍隊會全軍覆沒，因為十五的平方是二百二十五，十七的平方是二百八十九，兩者相減之後是六十四，也就是在戰鬥後，敵軍還會殘留八支隊伍。當然對方的損失不可謂不小，因為他失去了一半以上的隊伍；不過你會更慘，就此成為「歷史」。如果敵軍認為值得，他肯定會這麼做。

然而，你有沒有可能在藍氏定律下仍取得勝利呢？如果能分散敵軍，以全力先擊敗一部分，便可獲全勝。假設你能成功地把對方的十二支軍隊先引出來，然後用自己全部的十五支隊伍來攻擊敵方，而另外五支敵軍還在夢鄉，或正苦於找不到戰役所在。根據藍氏定律，二百二十五減去一百四十四是八十一，因此你可以擊敗這十二支敵軍，還有九支隊伍存活下來。雖然耗損掉40%的兵力，損失很慘重，不過你還是贏了。然後再去解決敵軍剩下的五支軍隊，而這時候由於你仍保有九支軍隊，因此在數量上還是占了優勢。等到所有戰役結束，你可把原具優勢的敵軍全部殲滅，而仍保有近一半的軍隊。

在拿破倫的「走麥城」的滑鐵盧戰役中，本來「分散敵人，各個擊破」戰術是可能幫助他打贏這一仗的，可惜的是，最後他恰恰又輸在這上面。他在英軍到達之前打敗了普魯士軍隊，但未將對方消滅，為了把這支敗軍趕得遠些，他分出部分軍隊追擊。可是這支部隊沒能追上普軍，也沒能及時趕回，導致拿破倫在英、普聯軍的合擊下失敗。

因此，雖然你的軍隊比對方少，但若能成功地運用平方定理，將敵軍以正確的方式分成兩部分，即可獲得最後的成功。所有軍事人員都知道分散敵軍戰術的重要性，並稱之為滲透或集中原則，但他們仍停留在概念層次上。

這對於我們來說是一個非常有用的原則。當可利用資源有限時，必須學會「集中優勢兵力」這一戰術原則，將你的時間、精力、才能、金錢等投入最有希望獲勝的戰場，確立自己在這一領域的優勢地位。你的每一場勝利都使雙方的實力對比發生變化，這樣不斷「積小勝為大勝」，直至取得全局性優勢時，「最後的決戰」也就勝券在握了。

在歷史上，軍隊投降多半不是因為被擊敗，而是因為自以為被擊敗，因此，甚至有可能去說服強勢的一方，讓他們自以為已經失落。例如「淝水之戰」中，正是東晉的內應朱序在前秦軍中散佈失敗消息，使得這支百萬之眾的大軍人心惶惶，在東晉的猛烈攻擊下土崩瓦解。

藍氏定律是應用於兩軍互射的戰役上，那麼同樣的原則是否也能運用在三方軍隊彼此互相攻擊的戰役？這時出現兩種極端的可能性：

其一　大家彼此互射，沒有朋友，都是敵人；

其二　兩軍聯合，共同對抗第三勢力。

用個具體例子來說明，並稍微設計一下數字，以簡化答案。假設敵對三方分別為A、B、C，各有45、40、35個單位的軍隊（坦克、軍隊、戰機皆可），開始射擊——在藍氏定律下，每位士兵都會向目所能及的陌生人開火，無論其屬於哪一方。當塵埃落定，軍隊數少的一方定會被全面消滅，而A與B則各剩四十與二十個單位的軍隊。不僅軍隊最少的一方會成為歷史，第二大勢力B，比起A也是損失慘重。B約會喪失一半的軍力，而A不過從四十五減少到四十，所以A可以在少量損失的狀況下，輕而易舉除掉B。因此對多數的一方來說，採取隨意射擊是很有利的，而B和C互射的結果就是等於間接幫了A軍隊。

假設B和C兩軍將領都知道這種狀況，於是決定以結盟的方式，聯手對抗A。

於是聯軍共有七十五個單位，遠遠超過A軍，僅需要耗損其中的十五個單位即可擊敗A軍，這當然比白白犧牲要強得多，也同時說明軍事聯盟這麼受歡迎的主要原因。當然，未必每次聯盟都能這麼成功。因為結盟雙方都很清楚，他們很快就必須攤牌，因此多會有所保留。同樣的，第二次世界大戰時，蘇、美、英盟軍類似此例。

還有一個有待解決的問題，在B和C共同與A對決時，彼此的相對損失如何，這會影響到下一次戰鬥時雙方的情勢。同樣，這個數學計算太過繁瑣，不過結果是雙方將分別損失20％，因此B的四十個單位會剩下三十二個單位，而C的三十五個單位則剩下二十八個單位。在聯盟的情形下，成為歷史的就是A。B與C則在共同行動中，分別失去同比例的軍力。而在接下來的戰役中，B會獲勝，不過損失慘重，原來四十五個單位，大約只會剩下十五或是十六個單位，所以他可能會因為損失過大而覺得不值得和C決戰。

從三方競賽中兩方結合是有利的這個原則，可引申到多人參與的遊戲當中，而過去的經驗也證實了這一點。

從前面的討論中，我們已經瞭解了優勢兵力左右戰局的巨大作用。但是僅僅擁有優勢兵力還不夠，你還必須學會使用它，否則，你就可能敗在實力不如你的對手面前。為什麼會這樣？

《孫子兵法》中有一句「守則不足，攻則有餘」。從古今中外戰史看，以弱勝

強的例子不少，但消極被動防禦很少能堅持到最後勝利，弱小一方都是通過主動進攻扭轉戰局的。「不列顛之戰」中英國似乎是被動防禦的成功例子，但正是英國空軍對柏林的主動出擊，打亂了希特勒的戰略部署，希特勒一怒之下，將原定的「全力摧毀英國空軍」的目標改為對英國城市的狂轟濫炸，才使英國擺脫了戰敗的命運。

所謂主動權，就是可以決定在何時何地作戰，有了這個主動權，就可以投入主要兵力戰鬥。而沒有這個主動權的一方，由於不知道要在哪裡作戰，也就難以在戰場上投入全部實力，這樣即使總體實力強于對方，也難免被各個擊破。

上面我們談到了拿破倫「走麥城」，如果只談這一點，可能對這位卓越的軍事家不太公平。就整體表現而言，拿破倫幹得相當不錯——在整整1／4世紀的時間內（一七九一～一八一五年）橫行歐洲大陸，所向披靡。在這個廣闊的舞臺上，拿破倫以其傑出的軍事指揮才能導演了許許多多有聲有色、威武雄壯的戰役，其中多數戰役都是以少擊眾，以劣勢對優勢而獲勝。都是先以局部的優勢和主動，向著敵人局部的劣勢和被動，一戰而勝，再及其餘，各個擊破，全局因而轉成了優勢，轉成了主動。

拿破倫為什麼能夠在義大利戰役以及馬侖哥、奧斯特裏茨、耶拿、弗裏德蘭、瓦格拉姆戰役中取得輝煌的勝利？拿破倫在義大利戰役中，以一支裝備極差的三萬人的軍隊，在一年時間內同反法聯軍進行了十四次會戰、七十次戰鬥，全部獲勝，而且殲滅敵軍二十五萬人。他為什麼能成功？

首先，拿破倫認為作戰行動的目標是消滅敵軍兵力。他說：「在歐洲有很多好的將領。但是他們一下子期望的東西太多。我看見的只有一個——敵軍的兵力，我全力去消滅他們，因為我確信，隨著敵軍兵力的被殲滅，其他一切也隨之而崩潰。」

其次，拿破倫為了消滅敵軍兵力，奪取戰役的勝利，堅持集中優勢兵力的原則，確立軍事上的優勢。

再次，拿破倫為了保證在必要的時間和必要的地點集中比敵人在同一時間、同一地點優勢的兵力，經常在及時準確掌握戰場軍事行動的基礎上，利用敵人的失策，投入自己的作戰部隊。拿破倫擁有善於發現敵人失策的敏銳洞察力，並以閃電般的速度給敵人以毀滅性的打擊，是他獲取勝利的重要因素之一。

48 回應的規則：威脅與許諾

讓別人有機會對你發出一個威脅永遠不是好事。你大可以選擇按照對方的希望行動，卻沒有必要等到聽見一個威脅。

威脅是對不肯與你合作的人進行懲罰的一種回應規則。既有強迫性的威脅，比如恐怖分子劫持一架飛機，其確立的回應規則是假如他的要求不能得到滿足，全體乘客都將死於非命；也有阻嚇性的威脅，比如美國威脅說，假如前蘇聯出兵攻擊任何一個北約國家，它就會以核武器回敬。

強迫性的威脅的用意在於促使某人採取行動，而阻嚇性的威脅的目的在於阻止某人採取某種行動。兩種威脅面臨同樣的結局：假如不得不實施威脅，雙方都要大吃苦頭。

我們可以透過這樣一個例子來說明威脅的可信性問題：兩兄弟老是為玩具吵架，哥哥老是搶弟弟的玩具。不耐煩的父親宣佈政策：「好好去玩，不要吵我；不然的話，不管你們誰向我告狀，我把你們兩個都關起來。」

被關起來與沒有玩具相比，情況更加糟糕。現在，哥哥又把弟弟的玩具搶去了，弟弟沒有辦法，只好說：「快把玩具還給我，不然我要告訴爸爸。」哥哥想，他真的告訴爸爸，自己是要倒楣的，可是他不告狀只不過沒玩具玩，告了狀卻要被關起來，告狀會使他的境況變得更壞，所以他不會告狀。因此，哥哥對弟弟的警告置之不理。的確，如果弟弟是會計算自己利益的理性人，他還是會選擇忍氣吞聲的。可見，如果弟弟是理性人的話，他的上述威脅變得不可信。

可是，實際生活中的弟弟，多半不是經濟學假設的理性人。想遠一些，人們的社會行為和市場行為，也常常不能夠歸結為徹底的理性的行為。現實生活中的弟弟也有向爸爸告狀的，心想：「你不讓我玩，我也讓你玩不成。」

一個不計代價、只要勝利的行動可以使這個參與者獲得策略上的優勢，搶佔先機，率先出招。其實，你完全沒有必要一定要實施什麼行動，僅僅通過對一個回應規則提出一個承諾，獲得相應的策略優勢。

儘管你是跟在別人後面行動，但這個回應規則則是在別人開始行動之前就實施。

比如，父母對孩子說：「除非你做完作業，否則不許出去玩。」毫無疑問，這個規則必須在這個孩子跑出去之前就開始實施，並且明確宣佈。

在這個對話中，父母的回應規則也可以稱做是一種威脅。威脅既有強迫性的，也有阻嚇性的。比如恐怖分子劫持一架客機就會提出強迫性的威脅——假如他的要求不能得到滿足，全體乘客都將死於非命。而在冷戰時期美國威脅說，假如前蘇聯出兵攻擊任何一個北約國家，它就會以武力回敬。這種威脅就可以稱做是阻嚇性的威脅。

強迫性威脅的用意在於促使某人採取行動，而阻嚇性威脅的目的在於阻止某人採取某種行動。兩種威脅面臨同樣的結局：假如不得不實施威脅，雙方都要大吃苦頭。

在回應規則中還有一種類型就是許諾。這是對願意與你合作的人提供回報的方式。

檢察官會向一個被告許諾說，只要他願意成為公訴方的證人，檢舉同案中的其他被告，他就會得到寬大處理。許諾同樣可以分為強迫性的和阻嚇性的兩種。強迫性許諾的用意是促使某人採取對你有利的行動，比如讓被告搖身一變成為公訴方的證人；阻嚇性許諾的目的在於阻止某人採取對你不利的行動，比如黑幫分子許諾好好照顧證人，只要他答應保守秘密。

同樣，兩種許諾也面臨同樣的結局：一旦採取（或者不採取）行動，總會出現說話不算數的動機。在現實生活中作出一個真正的承諾並非易事。

在綁架的例子中，受害者非常願意作出許諾，一旦獲釋一定不泄露綁架者的身份，而在收到贖金之後並不想殺害受害者的綁匪非常願意相信被綁架人的承諾。但是受害人一旦獲釋，就再也無法要他遵守諾言。

為尋找證人，檢察官會向一個被告許諾說，只要他願意成為公訴方的證人，檢舉同案中的其他被告，他就會得到寬大處理。

有時候，威脅與許諾的界限非常模糊。威脅與許諾的界限只取決於你怎樣稱呼當前的情形。歹徒威脅說，假如你不給他一點錢，他就要加害你。假如你沒有給，他就會動手「修理」你，從而造成一種新的情形，而在這種新的形勢下，他又會許諾說只要你給他一點錢，他就會住手。隨著形勢轉變，一個強迫性的威脅會變得和一個阻嚇性的承諾差不多。同樣，一個阻嚇性的威脅與一個強迫性的許諾的區別也只限於當時的情況。

一切威脅與許諾的共同點在於：回應規則使你不會在沒有回應規則的前提下採取行動。由於別人對你以後的行動的預期毫無變化，這個規則也就產生不了任何影響。不過，說明什麼事情會在沒有規則的情況下發生，仍然具有一種公告天下的作用，這些說明稱為警告與保證。

如果實踐一個「威脅」對你有利，我們稱之為警告。比如，一位總統告訴他的國會議員們，如果國會不能通過他提出的法案，他就要解散國會，重新舉行大選。這就是一種威脅。警告的用意在於告知其他人，他們的行動將會產生什麼影響。

如果實踐一個「許諾」對你有利，我們稱之為保證。孩子不理會關於爐子頂部很熱的警告，結果燙傷了，這使父母得到某種保證，知道孩子以後再也不會這麼做了。

我們強調這兩對概念的區別是有理由的。威脅與許諾是真正的策略行動，而警告與保證更多的是起一個告知的作用。警告或者保證不會改變你為影響對方而設立的回應規則。實際上，你只不過告知他們，針對他們的行動，你打算採取怎樣的措施作為回應。與此截然相反，威脅或者許諾一旦時機來臨，就會改變你的回應規則，

使之不再成為最佳選擇。這麼做不是為了告知，而是為了操縱。

由於威脅和許諾表明你可能選擇與自身利益衝突的行動，這就出現了一個可信度的問題。等到別人出招之後，你就有動機打破自己的威脅或者許諾。為確保可信度必須作出一個承諾。

無條件的行動是你先行且行動一成不變的回應規則。威脅與許諾則在你第二次出招時出現。兩者都是有條件的行動，因為這個回應是由取決於對方怎樣做的規則所確定的。一種策略行動總是搶佔先機的行動。回應規則必須在對方行動之前實施，在博奕當中進行分析。如果你永不妥協，那麼整個博奕都必須當做相繼出招的過程，那麼其他人就會針對你採取無條件的行動。

無條件行動若是打算用來影響對方，就一定要讓對方看到，同樣你打算通過威脅或許諾影響他的行動，那麼他的行動也要讓你看到。否則你不可能知道他是不是選擇順從，而他也明白這一點。

除了前面提到的三種基本的策略行動，還有更多更加複雜的選擇。這些選擇包括：你可以任由別人在你作出回應之前採取一個無條件行動；你可以等待別人發出一個威脅，然後再採取行動；你可以等待別人提出一個許諾，然後再採取行動。

有些時候，本來可以先行的一方放棄這一便利，讓對方做出一個無條件的行動，反而能取得更好的結果，這樣的例子我們已經探討過了。若是在跟隨比帶頭更好的關頭，這麼做當然是明智的選擇。不過，雖然放棄先行之便可能更加有利，但這麼做卻並非一個基本規則。

有時候你的目的可能是阻止你的對手作出一個無條件的承諾。古代戰略家孫子曾經給過這樣的提示：「圍師遺闕。」只要留下出口，敵人就會認定還有逃生機會。假如敵人看不到任何逃跑的出口，就會迸發破釜沈舟般的勇氣，頑抗到底。孫子的目的就是不給敵人對自己作出一個拼死戰鬥的非常可信的承諾的機會。

讓別人有機會對你發出一個威脅永遠不是好事。你可以選擇按照對方的希望行動，卻沒有必要等到聽見一個威脅。不錯，你若不聽話，但這一事實並不能作為你坐等對方發出一個威脅的藉口。注意，這句格言只限於允許對方發出威脅而已。假如對方同時作出威脅和許諾，那麼雙方都會得到更好的結果。

49 怎樣的威脅才適度？

威脅必須足夠大，大到足以阻嚇或者強迫對方的地步；威脅還要有可信度，即能不能讓對方相信，假如他不肯從命，一定逃脫不了已經明說的下場。

不那麼容易看到的是，適度原則其實同樣適用於威脅。博奕雙方不應讓自己的威脅超過必要的範圍。這麼做的理由相當微妙。

例如，在日美貿易中，為什麼美國不會威脅日本說，假如日本不同意進口更多的美國大米、牛肉和柑橘，美國就要動武呢？雖然動武的想法有可能博得美國一些農場主和政治家的歡心，但同時卻存在幾個很好的理由，說明不能這麼做。

因為沒有人會相信這麼一個威脅，因此這個威脅不會奏效。假如日本不肯進口更多柑橘，美國說到做到，當真實施自己的威脅，其他國家就會譴責美國選擇了一個很不恰當的懲罰方式，日本更會怒不可遏。不過，假如美國不實施自己的威脅，又會讓自己日後的信譽大打折扣。無論是不是實施自己的威脅，美國都將遭到失敗。

這個威脅由於引入了一個本來毫不相干的因素——武力——而使原來的問題變得麻煩起來。這個威脅大而不當，對方難以置信，而自己又不能說到做到，更別說進一步確立自己的信譽了。

博奕的參與者發出威脅的時候，首先考慮的問題可能與「適度原則」恰恰相反，認為威脅必須足夠大，才足以阻嚇或者強迫對方。而接下來才考慮的是可信度，即能不能讓對方相信，假如他不肯從命，一定逃脫不了已經明說的下場。若是在理想狀況下，再沒有別的需要考慮的相關因素了。

假如受到威脅的參與者知道反抗的下場，並且感到害怕，因此乖乖就範。那麼，我們為什麼還要擔心若實施這個威脅，會有多麼可怕的情況發生呢？

問題在於，在這個方面，我們永遠不會遇到理想狀況。只要我們仔細考察美國不能威脅動武的理由，我們就會看得更清楚，現實與理想狀況究竟有什麼區別。

所謂一個成功的威脅完全不必實施的理論，只在我們絕對有把握不會發生不可預見的錯誤的前提下成立。

假設美國錯誤地判斷了日本農場主的勢力，而他們寧可讓國家投入戰爭也不願失去自己受到保護的市場。又或者，假設日本同意美國的條件，可是美軍某指揮官想起自己當年不幸淪為戰俘的慘痛經歷，就會抓住這個機會報仇雪恨……

面對發生諸如此類錯誤的可能性，美國應該三思而後行，在考慮作出一個很大的威脅的時候更應如此。

我們可以看到，一個威脅可能由於太過而喪失可信度。假如日本不相信美國當真願意實施這個威脅，這個威脅就不可能影響它的行動。

結論是，能奏效的最小而又最恰當的威脅應該成為美國的首要選擇，務必使懲罰與罪行相適應。如果美國希望刺激日本多買柑橘，就應該選擇一個更具互惠性質的威脅，使懲罰與不肯多買柑橘的做法更加匹配。比如，美國可以威脅說要削減日本汽車或者電器的進口配額。

有些時候，一個合適的威脅簡直得來全不費工夫。而在其他時候，我們眼前只存在大而不當的威脅，必須縮小其範圍才能考慮加以採納。

有一個海盜船長，想要他的俘虜說出財寶藏在哪裡，於是他拿出一把刀擱在這個俘虜的喉嚨上，以為這樣就可以使他招供。可俘虜還是默不作聲，船長的同夥反而笑起來，說：「假如你割斷他的喉嚨，他就沒法向你招供。他知道這一點，他也知道你知道這一點。」這個海盜船長也許可以扔掉那把刀子，轉而嘗試邊緣政策。

當然許多創造風險的機制不允許對這個風險的程度進行足夠精確的控制。我們沒有任何完美的或普遍有效的答案。邊緣政策通常會是一個很管用的辦法，卻同樣可能變成某種冒險經歷。

首先，發出威脅的行動本身就可能代價不菲。

國家、企業乃至個人都參加著許多不同的博奕，他們在一個博奕中的行動會對所有其他博奕產生影響。比如國際關係中一方若是威脅對另一方動武，就會影響到日後兩國的關係、目前和日後與其他國家的關係，而一個國家用過這麼一個大而不當威脅的事情也會留在別人的記憶裏。別人與其打交道時就會猶豫不決，也會因此失去許多其他貿易和夥伴關係帶來的好處。

其次，一個大而不當的威脅即便當真實踐了，也可能產生相反的作用。對方會驚慌失措地高舉雙手投降，請求世界輿論聲援、譴責，結果卻適得其反。

第三，所謂一個成功的威脅完全不必實踐的理論，只在我們絕對有把握不會發生不可預見的錯誤的前提下成立。

在討論過以上幾點後，我們可以看到，一個威脅可能由於過大而喪失可信度。假如對方不相信你當真願意實踐這個威脅，這個威脅就不可能影響他的行動。

因此，能奏效的最小而又最恰當的威脅應該成為首要選擇，務必使懲罰與罪行相適應。比如，二〇〇三年美國不顧貿易夥伴的切身利益，無視國際通行的世貿組織貿易規則，單方面宣佈對大部分進口鋼材徵收最高達30％的關稅，以遏制美國市場的供應量的上升，並推動鋼鐵價格上漲。以保護本國不景氣的鋼鐵工業。美國的做法遭到了各大鋼鐵貿易夥伴的強烈抗議。

歐盟向世貿組織提出申訴，但世貿組織的爭端解決機制有其內在的缺陷，決策過程複雜且漫長，起碼要一年多，甚至兩年才能有個結論。

即使歐盟最後勝訴了，經濟損失也難以挽回。因此歐盟精心選擇的報復性「短清單」，我們要注意的是，歐盟所感興趣的是美國放棄對歐盟產品免除高額徵稅，而不是報復行動。因此歐盟宣稱要對價值三億七十八歐元的美國果汁、服裝等商品徵收100％的額外關稅。這個報復清單的數額雖然不大，但選擇的商品卻主要產於佛羅里達、俄勒岡、南卡羅來納和北卡羅來納等州。這幾個州都是共和黨人稍稍領先、但又沒有絕對把握取勝的州。

歐盟此舉擊中了布希政府的「痛處」，再加上美國國內鋼鐵消費商的不滿加劇，美國政府開始向後退了。自六月初開始，美國政府先後四次將二百四十七種鋼鐵產

品納入免征高關稅的「豁免」範圍。但歐盟並不滿足，仍一再聲稱美國的豁免幅度「顯然是不夠的」。在這種情況下，美國又在七月十九日這一歐盟設定的「最後期限」的一大早，再次宣佈將價值超過六千萬美元的十四種鋼鐵產品納入豁免範圍。

美國人在最後關頭的「配合」，讓歐盟得以「順階而下」。歐盟雖然口頭上喊得很凶，但其實也清楚：歐美互為最大的貿易夥伴，貿易戰對誰都不利。況且，歐洲的總體經濟實力仍弱於美國，在政治和安全等問題上對美國也「所求甚多」，貿易爭端的升級最終會對歐洲不利。

在這次鋼鐵貿易爭端中，歐美雙方就如同中國京劇武戲中的兩位主角，身披盔甲，手舞長槍大刀，在一陣緊似一陣的鼓點聲中，你來我往，十分熱鬧。台下的觀眾也許被激烈的場面所吸引，但兩位主角心裏都清楚：這只是在演戲，動真格的只能是兩敗俱傷。

雖然歐盟在宣佈推遲制裁決定時還留了一個尾巴：美國政府必須將更多的進口鋼鐵產品納入豁免範圍，否則仍有可能對美國產品徵收報復性關稅。但正如歐盟貿易事務發言人古奇所言：「貿易制裁只是一種手段，而不是目的。」在各國經貿聯繫日益緊密的今天，貿易爭端只能通過談判，而不是通過貿易戰的方式來解決。

50 如何找出背叛者？

政府保持強硬姿態的目的在於讓人們繳稅，找出背叛者就成為了問題的關鍵。為了防止大家因為一己私利而出賣別人，整個團體必須有能力偵測出是否有人毀約搞鬼。

我們還是以維持石油價格高而合作的歐佩克為例子。

在歐佩克中，每一個成員國又都受到個體利益的誘惑。謀取違背合作所帶來的投機，理應比完全沒有制約的獨立決定產量時結果要好得多。歐佩克要面臨的是：各成員國之間這種有遠見、符合群體利益、最終也是真正符合個體利益的有效的合作在現實中並沒有維持多久，每個成員國都受到增加生產以得到更大總利潤份額的誘惑，因此它們也常常就減少產量達成協定，然後又私下違背協定。

由於歐佩克的某些成員國的石油資源已趨於枯竭，因此對它們來說，這個遵守和突破限額的長期利益的制約作用大大減弱。再有就不少非石油輸出國組織成員國加入石油市場，它們不受制約的競爭行為正好趁成員國限產之機搶佔了市場，這就使得石油輸出國組織限制的作用失效且白白喪失許多市場份額和利潤，從而迫使它們只好超產。還有就是組織內部成員之間地位的不平衡，及部分成員覺得限額的不

公平也是造成一些成員國相繼突破限額生產的原因。

如果歐佩克只有兩個成員國，這種背叛的行為是很容易被察覺得到的。只要一方發現石油跌價，而自己並沒有增產石油，就知道是另一方搞的鬼了。而在「囚徒困境」的例子裏，問題也很簡單，只要法官宣判刑期，大家就知道誰出賣誰了。

只不過，在現實的世界裏，問題並沒有這麼簡單。首先，產油國並不只有兩個國家。當石油價格大跌的時候，除非確定有成員國背叛，否則很難知道到底是誰在搗蛋，誰在作弊。每個會員國都會指責是別人幹的。

另外比較複雜的問題是：在同業的競爭中，價格或產量並不是惟一的競爭專案。重要的還有服務品質、付款方式、售後服務等等。例如，百貨商場大打折扣戰，結果搞得大家筋疲力盡，元氣大傷。於是有人出面呼籲停戰。最後大家協定：以後除了特定的時間以外，不再以折扣戰進行惡性競爭。可是，雖然人家不打折了，想佔便宜的人還是有辦法。比如說，送贈品啦，給禮券啦，抽獎比賽啦，甚至私底下的偷偷減價等等。

在美國的電器市場，曾做過一套維持壟斷的「偵測系統」。如果你買了電器之後不喜歡或不滿意，三十天之內還可以退貨。有些大的電器行為了鼓勵顧客放心消費，提出所謂的最低價保證政策。通常這個保證的意思是說：購買了該公司的產品之後，如果發現其他公司所販賣的同型產品價格更低，只要能拿出廣告或證明，他們將保證退還這中間差價的兩倍金額。

例如你在A公司花二千六百元買一部電視機，結果發現在B公司的同型電視機只賣二千四百元。那麼A公司將加倍償還你中間的差價，也就是四百元，即二×（二千六百元～二千四百元）。

聽起來好像真是競爭激烈，殺價殺到這種地步。實際上，很多的電器產品在這些「超低價」電器行的利潤是進貨成本的100％。其實，這種最低價保證根本是一種聯合壟斷價錢的伎倆。

你不相信嗎？假如你已經到過A公司以及B公司去比過價錢，發現兩家都有最低價保證，而且就你上面所舉的例子，B公司的價錢比A公司便宜二百。請問你會去哪家買電視機呢？

當然是到定價比較高的A公司買啊，因為雖然你剛開始要付出比較高的價錢二千六百元，買下之後你可以立刻拿出B公司的廣告告訴店員，別家公司的價錢比他們的便宜二百元。於是店員就得賠你兩倍的價差四百元。所以，事實上你只付出二千二百元＝（原價二千六百－二×二百）。如果你到定價比較便宜的B公司買，反而要付出二千四百。

你可以發現：因為這個最低價保證的關係，如果有哪家電器行膽敢違反聯合壟斷的默契，自動降價的話，這家電器行不但做不到生意，而且因為顧客都到其他公

司去買，以多領補償金。這樣很快就會被同業查出來其背叛同業默契的事實。

因為，為了領補償金，顧客們會自動地將他們的降價消息通知其他公司。廣大的消費者就成了同業最忠實的偵探。

這種最低價保證，不但可以自動找出叛徒，而且可以立刻對叛徒施以嚴懲。實在是一種很難想像的高招。不過這樣的詭計已經被美國的消費者團體注意到了，為了避免將來被控告聯合壟斷，最低價保證已經改為賠償原來的價差而已。不過，這仍然是抓到背叛者的好辦法。

如果已經有一套偵測出叛徒的辦法，接下來的問題就是採取有效的懲罰手段阻嚇叛徒。首先，就是懲罰的辦法必須清楚明瞭。

如此一來，打算搞鬼的傢夥才能清楚地計算出他的「背叛報酬率」，明白背叛的不值得。如果處罰的辦法不容易被瞭解，那就像沒有溝通清楚的威脅一樣，沒有足夠的阻嚇作用。劉邦攻下咸陽之後，與約法三章：「殺人者死，傷人及盜抵罪。」這就是清楚和明瞭的好處，咸陽百姓很容易遵循合作。

相反，在許多企業中，尤其是大中型企業，規章制度多如牛毛，已經變成一套大家搞不清楚，不知道怎樣遵循的局面，許多看似簡單的事情都弄得十分複雜，讓人一頭霧水。因此，許多事情看似規章明確，一旦出了問題，又找不出直接責任人，這種誰都說了算，而又誰都說了不算的方式，只能使企業的管理陷入混亂。

清楚明瞭的方式，日本企業做得最好。比如，著名的現場管理的方式5S，就是把複雜繁瑣的現場管理簡單、清晰地歸納為整理、整頓、清掃、清潔、素養五個專案（因日語的羅馬拼音均以「S」開頭，簡稱為5S），落實到管理的每一個方面，因此取得了較為卓越的成績。5S也為許多企業所借鑒，成為公認的有效模式。

如果對叛徒的懲罰系統到處有漏洞可鑽，這對打算背叛的傢夥就沒有什麼嚇阻作用。就像我國的許多娛樂場所動不動就發生死傷慘重的火災意外一樣，儘管消防部門一再強調要注意防火，也有消防法規要求業者遵循。

但是，大家都心存僥倖心理，覺得自己不會那麼倒楣被抓到或「燒」到。所以仍然到處佔用消防通道，封死卷簾門。反正不一定會被消防部門抓到，就算抓到，也不一定會有什麼嚴厲的懲罰。在這種情況下要大家不違規是很困難的。

51 如何嚴懲叛徒？

設置懲罰的目的關鍵不是「為了懲罰而懲罰」，主要目的在於引導對方步入合作之途。

在美國好萊塢的警匪片中我們常常見到這樣的情景，警察為了使被抓獲的毒販

招供，有時候會威脅要立刻放掉他，因為如果毒販馬上被放的話，大毒梟很可能認定這個毒販已經出賣了他，那他的下場將會很慘。

此外，對叛徒的懲罰有時候是明顯而立即顯現的。一旦有人背叛，破壞了雙方的信賴關係，要想再恢復以前高利潤的合作關係就比較難了。這就是所謂「偷雞不成，反蝕一把米」的道理，想到這裏，還是保持合作關係較為划算。

然而，即使知道不合作會被懲罰，也不一定就能保證雙方可以互相合作。通常「背叛」可以得到目前短期的利益，但往往必須在未來付出代價。如果評估眼前的利益遠比未來的處罰重要許多，就算未來的報復是肯定的，仍然無法阻止他人背叛。政治人物在競選時期的合縱連橫，甚至中傷盟友，已是司空見慣，難道他們不怕當選以後被報復嗎？原因就在於許多候選人認為當選比什麼都重要，以後的恩怨還可以慢慢地解決。

而當各公司不景氣，度日維艱的時候，眼前的利潤就像沙漠的水源一樣，常常是公司生死存亡，渡過難關的關鍵。此時這些載浮載沈的公司往往狗急跳牆，什麼殺價、折扣統統會出現。為了目前的生存，也管不了未來是不是會被報復，會損失慘重了。這也是為什麼，景氣，越競爭越激烈的原因。

歐佩克成員國之間關係，是建立在雙方有能力懲罰背叛者的基礎上。而這種懲罰的能力也只有在雙方的關係是重複而且長久的情況下才可能存在。

如果我們所談的不是石油，而是兩家公司合作要捕撈遊經紅海的一種珍貴魚類，因為以後不知道什麼時候這些魚才會再來，要他們限制捕撈量來增加未來共同長久的利潤恐怕就十分困難了。就算事先講好了捕撈的數量不超過二百萬尾，每一方也都會想多撈一點來占對方一點便宜。反正就算被對方抓到了作弊又怎樣？反正魚以後已經不來了，兩者的合作機會中止，明天就將各自分道揚鑣，自然也就沒有機會被懲罰了。

所以，只有當合作雙方的關係是持續的，背叛者才有被處罰的可能，而合作的關係才有被保持的必要。

其實，設置懲罰的目的關鍵不是「為了懲罰而懲罰」，主要目的在於引導對方步入合作之途。是否要避免懲罰是個人的行為選擇問題。如果有人選擇不去避免這類懲罰，他會被視為「不合作的人」。當法律規章公佈給大眾之後，選擇不合作就等於選擇了接受懲罰。

政府必須以強硬的手段阻止它的公民觸犯法律。為了有效地收稅，政府必須保持對逃稅者起訴的權力。通常，政府花在調查和起訴逃稅者身上的錢比從逃稅者那裏得到的罰款要多得多。

當然政府的目的是要保持抓獲和起訴逃稅者的權力以防止任何人在將來試圖逃稅。稅收的情形是這樣，其他政策的情形也是這樣，即保證公民服從的關鍵在於政

府能夠並且願意投入比當前所獲利益多得多的資源來保持它的強硬姿態。

因此，法律對犯法者的處罰可以視為合作者聯合起來處罰不合作者的行為。儘管法律並不能直接提升人們的生產技術，但其最終目的在於降低人們的合作障礙。

事實上，擺脫「囚徒困境」是政府的一個主要的功能：保證人們無論如何也得做那些對社會有用的事。法律使人們交稅，不偷盜，忠實履行與陌生人的合同。這每一件事都可以看成是有許多人參加的大「囚徒困境」。沒有人願意納稅，因為它的好處很難直接看到，而短暫的利益佔有確是即得的。但是如果每一個人都納稅，大家就能生活得更好，即分享學校、道路和其他公共設施帶來的好處。這就是盧梭所說的政府的作用就是保證每一個公民「被強迫得到自由」。

休謨曾說過這樣的一段話：

「……因此，我就學會了對別人進行服務，雖然我對他並沒有真正的善意；因為我預料到，他會報答我的服務，以期得到同樣的另一次服務，並且也為了同我或同其他人維持同樣的互助往來關係。因此，在我為他服務了而他從我的行為得益之後，他就被誘導了來履行他的義務，因為他預見到他的拒絕會有什麼後果。」

這段話我們可以這樣理解，如果你單方面不遵守約定的後果是你會受到懲罰。這種懲罰可能不只是對方在未來對你的拒絕，而是遭受到其他令人尊敬的人的否定。而且，並不排除你將遭受到其他更嚴厲的懲罰方式。比如，法律合同可以由法官來實施懲罰。

健全法制，完善有關的規章制度，讓不遵守遊戲規則的投機取巧者、坑蒙拐騙者和背信棄義者受到應有的懲罰。其含義就是降低「囚徒困境」的收益，使得「背叛」不再那麼誘人。

52 核武器是最無用的威脅？

要想減小出錯的後果，你一定希望找到一個剛好足夠阻嚇對手而又不會過火的威脅。但並不是總能幸運地找到這樣合適的策略。因此，有時就會演變為一種過激的策略。但不願意實施報復或者冒同歸於盡的風險並非毫無代價。

美國著名未來學家赫爾曼·卡恩曾有一部科幻小說，後來被改編成電影《奇愛博士》。

故事講的是美國決定一勞永逸地消除對前蘇聯擴張的擔心，於是，它製造了一百枚炸彈，並把這些炸彈埋藏在洛基山脈底下，並與稱為「蓋格」的反應裝置相連。如果這些炸彈被引爆，其產生的放射性物質足以消滅地球上所有的人。「蓋格」還是一個精密的探測儀器，如果前蘇聯首先發動核戰，這個儀器能夠迅速探測到放

射線，然後引爆炸彈。

我們現在擁有了終結日機器。在電影版中，這台終結日機器上增加了一個可以探測更大範圍核情況的裝置，並可作出相應的反應——比如，若蘇聯襲擊西柏林或西德或西方世界的任何地方，它就會引爆炸彈，整個世界頃刻將被毀滅。通過這一威懾性裝置，美國節省了用於常規戰爭和核戰爭的費用。

然而，「終結日機器」並不是完美無缺的。在電影中，我們看到，前蘇聯也製造了同樣一台機器。他們決定在其領導人生日的那一天公佈這一消息。但是在他們發佈消息之前，一個極其愚蠢的美國空軍軍官向前蘇聯發射了一枚核導彈，從而使核戰爭爆發。

「終結日機器」並非憑空虛構。在現實的世界裏，美蘇兩國之間的冷戰一度使世界處於一觸即發的核毀滅當中。美國對付前蘇聯核進攻的主要手段就是大規模報復性核打擊的威懾作用。如果在威懾之下，前蘇聯還是發動了進攻，美國隨之採取的報復措施將不會給自己帶來任何好處，可能會使自己的情況更加惡化。比如，大氣中放射性物質增加，氣候條件變差。然而這樣的情況還是可能發生的。控制致命按鈕的人——掌握著導彈庫的空軍官員、核潛艇指揮官，都經過了嚴格的訓練，絕對服從命令。從實際看，他們也不太可能違反可以復仇的命令，因為敵人的進攻殺死了他們的朋友和家人。

美國的核武器好比一台「終結日機器」，全體人類的命運就是引爆裝置，對於前蘇聯也是同樣的情況。美蘇兩國都看到了這個前景，因此它對雙方都起到了威懾作用，結果就是沒有一方敢於率先發動核進攻。

這個關於「終結日機器」的設想並不是因為它想讓美國製造這樣一台機器，而是美國和前蘇聯已經製造出了這樣的機器。

在這裏，威脅和許諾起到了至關重要的作用。甚至在核武器發明之前，戰爭也常常是雙方不得已而採用的做法，因為其結果大多是兩敗俱傷。任何一方的領導人都可以說服對方，如果不是迫不得已，誰也不願意採取戰爭的做法。

要想減小出錯的後果，你一定希望找到一個剛好足夠阻嚇對手而又不會過火的威脅。但並不是總能幸運地找到這樣合適的策略。因此，有時就會演變為一種過激的策略。但不願意實施報復或者冒同歸於盡的風險並非毫無代價。

你可以使你的威脅變得緩和一點，辦法是故意創造一種可以辨認的風險，一種人們不能完全控制的風險，表明可怕的事情有可能發生。這一策略在於有意將形勢變得多少有點難以把握，在對方看來可能難以承受但也被迫忍耐下來。這等於將敵人置於一個雙方共擔的風險之下對他進行干擾和威脅，又相當於是告訴他，假如他採取敵對行動，我們可能大為不安，以至於不管我們是不是願意，我們都會越過邊緣界線，採取行動與他同歸於盡，從而對他進行阻嚇。

有一種觀點認為核武器存在一種悖論，因為核武器象徵的威脅太大（同歸於盡），以至於完全用不上。假如核武器的使用不是合理的，那麼所謂「核威懾」也不可能是合理的。這就跟放大了的歹徒與偵探的交易差不多。一旦失去了威脅的價值，核武器對阻嚇小規模衝突也就毫無用處。

冷戰時期歐洲人擔心北約的核保護傘可能抵擋不住前蘇聯常規軍隊，原因在於前蘇聯可以運用每次切一小片的「義大利香腸戰術」，鑽核武器威脅的這個空子。所謂的「義大利香腸戰術」是指在整個入侵過程，攻方每次只增加那麼一點點分量，幅度那麼小，以至於守方根本沒有理由發動一場大的報復行動。

這樣，北約就會一點一點重新確定自己的忍耐底線。最後，前蘇聯人可能已經抵達北約總部，而使北約錯過了反擊的機會。

這種觀點其實完全錯了。美國就前蘇聯在歐洲的常規入侵發動核報復的威脅是邊緣政策之一。

有兩個辦法可以繞過被迫重新確定忍耐底線的問題。這兩個辦法邊緣政策都會用到。

首先，你要設法讓懲罰措施的控制權超出你自己的控制，從而斷絕你自己重新確定忍耐底線的後路。其次，你要將懸崖轉化為一道光滑的斜坡。每向下滑一步都會面臨失去控制而跌入深淵的風險。這麼一來，你的對手若要用「義大利香腸戰術」

避開你的威脅，就會發現他自己將不斷面對一個很小的遭遇滅頂之災的機率。他每切下一小片「香腸」，無論這一片有多小，都有可能成為引發萬劫不復災難的最後一片。

要使這種威脅變得可信，一個必不可少的要素在於：無論是你還是你的對手都不知道轉捩點究竟在哪裡。美國通過創造一個風險，即哪怕政府本身竭盡全力防止，導彈還是可能發射出去的風險，成功地運用了邊緣政策。美國的威脅能不能付諸實踐與它本身的意願無關。核武器的威脅在於可能出現意外事故。當存在任何常規衝突都有可能使局勢激化到失去控制的可能性時，核阻嚇就變得可信了。這一威脅不是一定發生，而是一種同歸於盡的可能性。

赫魯雪夫在他的回憶錄中說：「『古巴危機』期間，甘乃迪曾派秘使向他透露：甘乃迪並不想為難蘇聯，但是他很可能控制不了局面。」

赫魯雪夫的口氣似乎是說，他的退讓給了後者一個好大的面子。儘管這裏面可能有自我吹噓的成分，但是由此也能看出美國人的策略：他們聲稱自己也不願看到最壞的結果，但是卻無能為力。

隨著一場衝突升級，引發一場核戰爭的一系列事件發生的可能性也在增加。最後，戰爭的可能性變得那麼大，以至於終於有一方決定撤退。不過，戰爭的車輪一旦發動就不是那麼容易控制的了。出人意料的、意外發生的、可能是偶然的也可能

是瘋狂的、超出領導人控制的行動，將為局勢激化直至動用核武器鋪設道路。

核阻嚇包含一個基本的得失結果。有能力發出同歸於盡的威脅，本身就存在一種價值。畢竟，在人類進入核時代之後，我們享受了半個世紀沒有爆發世界大戰的和平。不過，把我們的命運交給機率去控制是要付出代價的。核阻嚇要求我們接受某種同歸於盡的風險。關於核阻嚇的爭論大部分集中在這種風險上。我們有什麼辦法可以降低爆發核戰爭的可能性，同時又不會削弱核阻嚇的力量呢？

訣竅同樣在於確保這樣的普遍化的風險控制在有效的與可接受的界限內。本章我們已就怎樣做到這一點給出了一些提示，不過，完全成功的邊緣政策仍是一門藝術和一種冒險。

麻省理工學院政治科學教授波森認為，美國海軍在大西洋的政策很危險，也很容易使局勢激化。一旦與前蘇聯方面發生任何常規衝突，美國海軍就想擊沈前蘇聯在大西洋的全部潛艇。這一策略的問題在於，目前美國尚不能分辨出核潛艇與常規潛艇。因此存在一個風險，即美國可能由於意外擊沈前蘇聯一艘載有核武器的潛艇而在毫不知情的前提下越過了核阻嚇的樊籬。到了這個時候，前蘇聯一定覺得自己有理由向美國的核武器發動攻擊，全面核戰爭一觸即發，要不了多久雙方就會開始互投核武器了。

海軍部長約翰．萊曼為這個策略辯護，其說法就跟波森反對這個策略一樣尖銳有力。他認識到一場常規戰爭可能升級為一場核戰爭。但他爭辯說前蘇聯也會認識到這一點！局勢激化的可能性不斷增加是合理的，因為這可以首先降低爆發一場常規戰爭的可能性。

一個比喻也許有助於說明問題。假設我們打算降低手槍的精確度，從而使決鬥變得安全一點。可能出現的結果是決鬥雙方開槍前可能會走得更近。假設決鬥雙方都有同樣的好槍法，那麼，決鬥雙方的最優策略是不斷接近對方，在擊中對方的可能性達到1／2的時候開槍。一槍致命的可能性與手槍的精確度無關。可見，改變規則不會改變結果，因為所有參與者都會調整自己的策略，設法抵消這一變化帶來的影響。

要想阻止前蘇聯人發動一場常規進攻，美國必須設法使他們面臨這一進攻將會激化為核戰爭的風險。如果這一風險沿著某個方向變得越來越大，那麼，前蘇聯人在這個方向的前進就會變得越來越慢。美國（和前蘇聯一樣）也就更有可能提出和解，因為他們都清楚雙方正面臨越來越大的風險。

美國和前蘇聯在評估自己的策略時，必須以策略的結果而不是以行動為依據。另一個有助於思考這一問題的方法是，假設雙方參加前面我們說過的那場拍賣，只不過拍賣用的不是美元，而是發生滅頂之災的機率。到了某一時刻，出價的數位變得越來越高。一方決定就此罷休，而不是進一步使局勢激化最終走向同歸於盡的結

局。不過，這一方也可能晚了一步，導致會給雙方帶來損失的機率變成了真實的惡果。

在美國和蘇聯的衝突中，出價就是這個衝突激化的機率。雙方出價的時候怎麼溝通取決於這個博奕的規則。不過，單純改變這些規則並不能使邊緣政策變成一個更加安全的博奕。假如美國改變它的政策，蘇聯也會改變它的策略，並使它對美國的壓力保持在同一水平。在一個更加安全的世界裏，各國可以採取更加容易使局勢激化的措施。只要威脅是一個機率，前蘇聯總是可以調整自己的行動，使這個機率保持不變。

這一結論並不意味著你應該就此放棄，聽任可能爆發核戰爭的風險的存在。要想降低這個風險，你不得不從一個更加根本性的層次著手解決這個問題：必須改變這個博奕。哪怕當年的貴族改用精確度較低的手槍，也不能保證他們多活幾年。相反，他們不得不修改扔下一隻手套就決鬥的榮譽守則。假如美國和前蘇聯抱有同樣的目的，那就修改這個博奕，而不是單單修改這個博奕的法則。

還有最後一個方面的控制，是使邊緣政策發揮效力所不可缺少的因素。受到威脅的一方通過同意邊緣政策者的條件，必須有能力充分減小這一風險，通常是一路減小為零。偵探必須得到保證，只要歹徒知道那個秘密，他的命就可以保住，而赫魯雪夫也必須得到確認，只要他一退讓，美軍就會馬上撤退。否則，如果無論你做或不做，你都會遭到懲罰，也就不存在什麼退讓的激勵了。

無論怎樣運用邊緣政策，總有一種跌落邊緣的風險。雖然策略論回顧古巴導彈危機的時候會把它當做邊緣政策的一個成功應用，但假如超級大國之間爆發一場戰爭的風險變成現實，我們對這一案例的評價就會完全不同。若是真的爆發了戰爭，幸存者一定會責怪甘乃迪完全沒有考慮後果，毫無必要地就把一場危機升級為一場災難。不過，說到運用邊緣政策，跌落邊緣的風險經常會變成現實。

53 威脅與許諾的可信度確立

建立策略意義上的可信度意味著你必須讓別人相信你確實會實踐你的無條件行動，你會信守許諾，也會實踐你的威脅。

無論是威脅還是承諾，在所有策略的行動中，可信度都是一個在問題。假如你的無條件行動、威脅或許諾只停留在口頭上，而採取行動加以實踐其實並不符合你的利益，你為什麼要這麼做呢？不過話說回來，別人可以向前展望、倒後推理，預測到你根本沒有動機加以實踐，那麼你的策略行動就不會取得理想效果。

所有策略的根本目的在於，改變對手對你就他的行動可能作出什麼回應的預

計。假如他相信你不會實踐你作出的威脅或許諾，這一目的就會落空。你不能影響他的預期，你就不能影響他的行動。

一項可能改變的行動在一個懂得策略思維的對手面前根本起不了任何策略作用。他知道你的言行未必一致，因而會特別警惕戰術詐騙。

羅思柴爾德家族是十九世紀歐洲一個很有勢力的家族，在滑鐵盧戰役之後。據說羅思柴爾德家族懂得用信鴿報信，因此可以首先得知戰役勝負的結果。當他們發現英國取勝，就馬上公開銷售英國債券，好讓其他人以為英國輸了，紛紛仿效，銷售英國債券。結果導致英國政府債券價格直線下跌。不過，在大眾得知真相之前，他們卻悄悄地用跌到最低的價格購入了遠比銷售數目更大的英國債券。

假如倫敦證券交易所的其他投資者早已認識到羅思柴爾德家族可能這樣全盤扭轉自己的行動，他們一定會料到這是戰術詐騙，這一招也就不會奏效。一個保持清醒的策略頭腦的對手應該預計你可能有意誤導他，因此，對那些他認為專門做出來顯得對他有利的行動也就不會為之所動。

建立策略意義上的可信度意味著你必須讓別人相信你確實會實踐你的無條件行動，你會信守許諾，也會實踐你的威脅。

要讓你的策略行動顯得很可信，其實並不容易，你必須同時採取一個附加或從屬的行動。在不同情況下，這些手段中會有一種或多種能夠證明對你是有幫助的。

這些方法無外乎是從三個著眼點加以確立的。

第一　改變博奕的結果。務必使遵守你的承諾成為符合你自身利益的選擇：把威脅變成警告，把許諾變成保證。比如，建立和利用一種信譽或寫下合同。這兩種手段都能使破壞承諾的代價高於遵守承諾的代價。

第二　要著眼於改變博奕本身，使你背棄承諾的能力大受限制。最極端的做法就是「破釜沈舟」法——剝奪自己反悔的機會，或斷絕一切反悔的後路。甚至還有一種可能性，就是離開決策位置，聽天由命。還有切斷溝通、讓後果超出你的控制等方法

將上述兩方面合併起來就是：可能的行動及其結果都有可能改變。對一個大的承諾被分割為許多小的承諾，那麼，違背其中一個小的承諾的得益很可能並不足以抵消失去餘下承諾的損失。也是一種不錯的方法。

第三　要充分利用別人，幫助自己遵守承諾。要知道，一個團隊也許會比單獨一個人更容易建立可信度。

針對這三點，我們看一些具體的方法。

例如，以色列的一貫原則：堅決不跟恐怖分子談判。這是一個威脅，意在阻嚇恐怖分子，打消他們企圖劫持人質，以此索取贖金或者要求釋放犯人的念頭。假如

這個決不談判的威脅是可信的，那麼，恐怖分子就會意識到他們的行動注定徒勞無功。與此同時，以色列的決心也會經受考驗。每一次，一旦這個威脅必須實踐，以色列總會吃苦頭；拒絕妥協可能使以色列人質命喪黃泉。每一次只要遭遇恐怖分子，以色列的信譽和可信度就會面臨考驗。屈服一次的意義絕不僅僅是滿足眼下這批恐怖分子的要求那麼簡單，還會給以後的恐怖行動增添誘人的魅力。

可信度要求找到一個辦法，有效阻止你反悔。假如沒有明天，今天的承諾就不能反悔。臨終證詞之所以會被法庭高度重視，就是因為這樣的證詞沒有反悔推翻的機會。更常見的情況卻是，明天（以及後天）仍會來臨，因此，我們必須徹底考察長期而言怎樣才能使承諾可信的問題。

博弈的參與者是懷著非常直接而有意識的目標來培植信譽的，他一心想為自己日後的無條件行動、威脅和許諾創造可信度。不過，信譽也有可能出自非策略的理由，卻同樣有助於樹立可信度。從不食言的自豪感就是一個例子。

托馬斯·霍布斯寫道，對言語的約束可以通過兩種途徑得到強化：一是對食言後果的恐懼，二是不食言的榮耀或自豪。

這樣的自豪感通常借助教育或者一般社會影響灌輸到一個人的價值觀中。其中甚至包含改善我們多方面日常人際關係可信度的願望。不過，沒有人告訴過我們，之所以要為自己擁有正直榮耀而感到自豪，原因在於這將帶來策略上的好處，使我們的威脅或許諾變得可信；人們只是告訴我們，榮耀本身就是一件好事。

一個有著舉止瘋狂名聲的人可以成功地發出威脅，但若是換了一個頭腦正常、沈著冷靜的人，當他作出同樣的威脅時，人們就會覺得難以置信。從這個意義上講，明顯的不合理性可以變成良好的策略上的合理性。你甚至可以有意培育這麼一種名聲。由此說來，一個看起來瘋狂的人也有可能是一個超級策略家，因為他的威脅總是更容易就使別人信以為真。

「木已成舟」是一種可以成為管用的確保承諾可信的工具，原因在於它可使一個行動真正變得不可逆轉。一個極端的例子就是一份遺囑。一旦這一方死亡，再也沒有進行再談判的機會。一般而言，只要有心，總有辦法使你的策略變得可信。

我們沒有必要通過死亡的方法使自己的承諾顯得可信。不可逆轉性其實就像一個郵箱。誰沒有寄過一封信，然後又覺得後悔，想把它拿回來？反過來也一樣：誰沒有接過一封信，然後又覺得後悔，但願自己從來沒有接到過？不過，一旦你打開這封信，你就不能把信寄回去，假裝自己從來沒有讀過。

將已成定局用做一個確保承諾遵守的工具，其中存在一個嚴重的問題。假如你被單獨囚禁，與外界隔絕，那麼，你要想確定對手是不是真的按照你的願望行事，就算還不至於完全沒可能，也是非常不容易的。

你必須雇用其他人，確保合同得到遵守。比如，遺囑就是由受託人而不是死者

本人負責執行的。

破釜沈舟也是一種策略。股市的所謂行家們總是告誡股民：不要把雞蛋全放在一個籃子，但信奉這樣的原則，雖然減少了風險，但也同樣減少了贏利的指數。儘管我們不鼓勵孤注一擲的賭徒心理，但我們也不得不承認，有時人們就得需要那麼一點「賭」的勇氣。

馬克．吐溫在小說《傻瓜威爾遜》有這樣一段對話：

聽好了，傻瓜會說：「不要把你的雞蛋全放在一個籃子裏。」

……但是，智者會說「把你的雞蛋全放在一個籃子裏，同時切記看好那個籃子。」

在軍事上，孤注一擲有時並不是一個愚蠢的策略。軍隊通常借助斷絕自己後路的做法而達成遵守承諾的目標。

當年項羽率領大軍渡河。然後「破釜沈舟」，命令士兵只攜帶三日糧，以此表示有進無退。於是歷史上聞名的巨鹿之戰上演了：當時，諸侯軍救巨鹿的十多支隊伍，卻沒有人敢向圍城的秦軍挑戰。而只有項羽的軍隊勇猛、視死如歸，以一當十。這一戰不但打垮了秦軍主力，也將秦軍不可戰勝的神話徹底擊破，更一舉奠定了「楚兵冠諸侯」的英名。

無獨有偶，西班牙殖民者科爾特斯在征服墨西哥的時候沿用了同一策略。他剛剛抵達墨西哥就下令燒毀和搗毀自己的全部船隻，只留下一條船。雖然他的士兵面對著數目大大超過自己的敵人，但他們已經別無選擇，只有戰而勝之。「假如（科爾特斯）輸了，那麼他的做法很可能被視為瘋狂……不過，這是深思熟慮的結果……在他的心裏除了取勝就是滅亡，再也沒有其他選擇。」

破壞自己的船隻使項羽和科爾特斯得到兩個有利之處：首先，他自己的士兵團結起來了，每一個人都知道他們全體都會戰鬥到底，因為他們已經沒有可能中途放棄（甚至逃跑）；其次，也是更重要的一點，這一承諾對敵人產生了影響。他們知道科爾特斯要麼取勝，要麼滅亡，而他們自己則有撤退到後方的選擇。他們選擇了撤退，而不是跟這麼一個已經橫下一條心的敵人較量。

要使這類承諾產生預期效果，光有作戰室裏的策略家們達成一致還不夠，你必須讓（你的以及敵人的）士兵們都有透徹的瞭解。

在電影《特洛伊》中我們看到，希臘人乘船前往特洛伊搶奪海倫的時候已經通過倒推法瞭解了這一策略。當時的情況是，希臘人企圖征服特洛伊，而特洛伊人打算燒毀希臘人的船隻。不過，假如特洛伊人當真成功地燒毀了希臘人的船隻，他們大約只會使希臘人變成更加堅定不移的敵人。實際上，特洛伊人沒能燒毀希臘船隻，而是眼看著希臘人敗退回家。當然了，希臘人留下了一匹木馬作為禮物，這一次輪到特洛伊人在接受這份禮物的時候顯得匆忙草率了一些。

54 虛張聲勢與「空城」博奕

「虛張」也是雙刃劍，弄得不好反會弄巧成拙。比如出虛張迷惑對手，卻使同伴被誤導。在生活中也是如此，吹牛使詐，是為了獲得人們的擁戴，可是做過了頭，反會使人反感，無端樹敵。

在橋牌中，「叫約」是實力的表現，你有多大的牌，就可以叫多大的約。但這又帶來一個問題：你的叫牌會給對手提供你這手牌的情報，比如你叫梅花三，對方就知道你的梅花很多，至少是個七張套，而且其中有大牌點。

其反面的意思就是：你其他的牌可能不怎麼樣。如果他的牌也不錯，就可能叫更高的約，佔據主動打擊你的弱點。由此可見，打牌其實從叫牌就開始了。雙方都要通過叫牌爭取定約，同時要盡可能地迷惑對手，使之錯誤判斷。正如《孫子兵法》所說：兵者，詭道也。自然，詭計的運用也就必然了。

我們已經知道，「博奕論」正是由一個典型的關於資訊的遊戲開始：那就是一個玩家在面對無懈可擊的玩牌對手之時，是否要誇大其辭，並且次數又該多頻繁。

諾曼的發現非常令人感到意外，他認為即使對手明知道你喜歡這樣，有時候你還是應該這樣。他研究了各類的牌戲戰術，發現「虛張」的頻率一到某個程度，勝數最多，打老實牌和「虛張」次數太多的勝數機會較少。另外他也發現，玩牌虛張的頻率在某種標準可以贏錢，低於或高於某個標準，輸錢的成分就比較大。

這不難理解，一個人如果適當地「吹牛」，別人就會信以為真，如果他玩得過了火，人們就會識破，而且，一旦獲得了「吹牛者」的名聲，那麼他就成了那個大叫「狼來了」的孩子，再說什麼也沒用了。那麼什麼是「適度」呢？自然是不能過分誇張，如果一個小個子非要給人留下「鬥士」的印象，結果只能是自取其辱。

虛張聲勢歸根結底就是要藏好自己的底牌，並因此獲得利益。這有兩種情況：一是還有一定實力，通過迷惑對手，使之出現破綻，一擊致命；二是沒有什麼實力，只靠大張旗鼓換取對方讓步。總之，你要知道自己的目標，一切策略都是為此服務的。

還要注意：「虛張」也是雙刃劍，弄得不好反會弄巧成拙。比如出虛張迷惑對手，卻使同伴被誤導。在生活中也是如此，吹牛使詐，是為了獲得人們的擁戴，可是做過了頭，反會使人反感，無端樹敵。所以古人說：詐巧不如拙誠。這類手段不得不用，但是也不可常用。

現在讓我們看《三國演義》中一個著名的「空城計」：街亭失守，司馬懿引大軍蜂擁而來。當時孔明身邊只有一班文官，五千軍士已分一半運糧草去了，只剩二千五軍士在城中。將官聽得這個消息，盡皆失色。孔明登城望之，果然塵土沖

天，魏兵分兩路殺來。孔明傳令遂將旌旗盡皆藏匿，打開城門，每一門用二十軍士，扮做百姓，灑掃街道。而孔明羽扇綸巾，引二小童攜琴一張，於城上敵樓前憑欄而坐，焚香操琴。司馬懿自馬上遠遠望之，見諸葛亮神態自若，頓時心生疑忌，猶豫再三，難下決斷。又接到遠山中可能埋伏敵軍的情報，於是叫後軍變前軍，前軍變後軍，急速退去。司馬懿之子司馬昭問：「莫非諸葛亮無軍，故作此態，父親何故便退兵？」司馬懿說：「亮平生謹慎，不曾弄險。今大開城門，必有埋伏。我兵若進，中其計也。」

孔明見魏軍退去，撫掌而笑。將官無不駭然。諸葛亮說，司馬懿「料吾生平謹慎，必不弄險；見如此模樣，疑有伏兵，所以退去。吾非行險，蓋因不得已而用之」，我們兵只有二千五百，若棄城而去，必為之所擒。這就是為後人廣為傳誦的空城計。

作為一個博奕模型，這個故事還是很有啟發性的。

在「空城計」博奕中，司馬懿兵多將廣，幾乎所有「好牌」都抓在手裏，而諸葛亮的「好牌」只有一張：那就是「資訊」——問題的關鍵在於：司馬懿不知道自己和對方在不同行動策略下的支付，而諸葛亮是知道的，他們對博奕結構的瞭解是不對稱的。諸葛亮擁有比司馬懿更多的資訊，他知道自己兵力微薄，但是司馬懿並不知道。而且，為了讓司馬懿無從瞭解、判斷，諸葛亮還偃旗息鼓，大開城門，打起了心理戰。因此這是一個資訊不對稱的博奕。在這裏，孔明可以選擇的策略是，

「棄城」或「守城」。無論是「棄」還是「守」，只要司馬懿明確知道他自己的支付，那麼孔明均要被其所擒。孔明惟一的辦法就是不讓司馬懿知道他自己的策略結果。他的空城計是降低司馬懿進攻的可能收益，使得司馬懿認為，後退比進攻要好。

在資訊不充分的情況下，博奕參與者不是使自己的支付或效用最大，而是使自己的「期望支付（或效用）」最大。比如：如果讓你在「有50％的可能獲得一百元」與在「有10％的可能獲得二百元」兩者之間進行選擇，你當然選前者，因為前者的「期望所得」為：50％×100元＝50元，而後者為：10％×200元＝20元。理性的人是選擇前者的。

在「空城計」博奕中，孔明瞭解雙方的局勢，製造空城假像的目的就是讓司馬懿感到進攻有較大的失敗的可能。如果我們用機率論的術語來說，諸葛亮的做法是加大司馬懿對進攻失敗的主觀機率。此時，在司馬懿看來，進攻失敗的可能性較大，而退兵的期望效用大於進攻的期望效用，即：司馬懿認為進攻的期望效用低於退兵的效用。諸葛亮惟有通過這個辦法，才能讓司馬懿退兵。司馬懿想，諸葛亮一生謹慎，不做險事，只有設定埋伏才可能如此鎮定自若，焚香操琴。此時，司馬懿覺得「退」比「進攻」更合理，或者說期望效用更大。於是後軍變前軍，前軍變後軍，後退而去。結果是諸葛亮得以逃脫。

司馬懿對局勢的判斷不是沒有道理的，他對諸葛亮的判斷是基於以前的認識，司馬懿因為孔明「生平謹慎」，就料定他「不肯弄險」。司馬懿錯失了活捉孔明的機會，固然是個遺憾，但並不是致命錯誤。作為優勢一方，他知道自己可以通過曠日持久的消耗戰拖垮對方，而後來他也正是這麼做的。相反，如果他真的在局面不明的情況下冒險，中了對方的埋伏，這才是真正的致命錯誤。從這個意義上說，退兵不但不是錯誤，反而可能是司馬懿的「優勢策略」。

我們可以設想，其實司馬懿完全可以派出一個小分隊搞火力偵察，探明虛實再作決斷。這樣即使孔明真的設下了埋伏，他的損失也不大；如果沒有埋伏，就可以進攻活捉孔明。姑且把中計的機率看成1／2，在一個對等賭局中，所得大於所失，這個風險是值得冒的。

美軍攻陷巴格達就是採用了這一戰術。薩達姆的共和國衛隊已經潰不成軍，無法組織有效防禦，可以說也是一個不得已的「空城計」。美軍也不知道這裏面有什麼文章，於是就連續派出坦克分隊試探進攻，幾次以後，發現對方確實無力抵抗，於是將巴格達一舉佔領。

成語「黔驢技窮」說的也是這個道理。老虎沒見過驢這個「龐然大物」（其實毛驢並不比老虎大多少），換句話說，就是不知道對抗下的「支付」，開始有點怕這個傢夥。可是長期共處，又不得不明確雙方的地位，於是就進行試探，每次進一小步，直到摸到對方底牌「技止此耳」，老虎就吃掉了毛驢。這就是一個逐漸掌握資訊，並在此基礎上作出判斷的過程。

《孫子兵法》說：「兵者，詭道也。故能而示之不能，用而示之不用，近而示之遠，遠而示之近，利而誘之，亂而取之，實而備之，強而避之，怒而撓之，卑而驕之，佚而勞之，親而離之。攻其無備，出其不意。」

大意是說：用兵打仗，離不開運用詭計。要讓對方錯誤估計我方的實力，錯誤判斷局勢。用利益誘惑敵人，用擾亂削弱敵人；敵人有實力，我方要作好準備；敵人過於強大，我要避免作戰；在作戰中要使其激怒，使其驕傲，使其疲憊，使其分裂，這些都能削弱對方的判斷力和戰鬥力。這樣，我方的行動才能出乎對方意料，打擊對方的薄弱之處。

55 猜石子的遊戲

人與人之間的博奕，要儘量利用對手行為的可測性，並盡可能讓對方猜不中你的模式。簡單地說就是一面藏拙，一面利用對手的弱點。

讓我們來玩一個遊戲，我的一隻手裏藏著一塊小石子，雙手握拳，伸向兩邊，

請你猜石子是在左手還是在右手？

如果你猜對了就贏一元，猜錯我就輸給你一元。

這個遊戲就是一個「零和遊戲」，不是我贏就是你輸；反之亦然。輸贏的機率好像一半一半，看起來不用任何技巧。但這只是頭幾次的狀況，隨後你慢慢會發現我個人的習慣與偏好，比如我習慣把石頭藏在右手，或者每玩一次就換手等等一些特徵，你贏得機率就要加大。這並不奇怪，在日常「石頭、剪刀、布」的遊戲中並非機率平均分配，尤其在許多次後，總有善於猜測對方的人獲得更多的勝局。

反過來，我也會注意到你的一些特點，比如你猜左手的次數多一些，或每次都換手猜等等，這樣我也有機會把你痛「宰」一頓。

當然你也可做得隱蔽些，一時讓我難以找出規律，那麼對我而言，最好也同樣不要露出馬腳，否則必會輸得很慘。不管對哪一邊來說，注意對方無意中顯露的習慣行為，都會十分有利。

這個遊戲的最佳策略就是盡可能找出對手行為的規律，自己則隨機出招：儘量利用對手行為的可測性，並盡可能讓對方猜不中你的模式。簡單地說就是一面藏拙，一面利用對手的弱點。所有競賽遊戲都是這樣，遊戲者都儘量使用出其不意的招式以突破對手的思維慣性。但請注意的是，如果每次都在出其不意時使出絕招，這也能成為一種行為規律。

假如雙個人在玩石子遊戲時都很成功，不露破綻，那麼從機率上講，最後他們會打成平手。資訊理論創始人數學家香農曾發明了一個猜測機器來跟真人對決，這個機器成功擊敗了許多真人，因為人們永遠無法隱藏自己的思考模式。不過，最後還是輸給一位企業總裁，因為這位總裁的思考是相當隨機的，也就是毫無規律可言。

現在讓我們來玩一個更高級一點的遊戲，這個遊戲需要兩個參與者，就甲和乙吧。

首先我們將甲可能的策略以字母A到D來表示，乙的策略則為E到H。這是一個零和遊戲，當甲乙雙方的兩個策略相遇時，贏得一方拿走相應的分值（就是下面表格策略交叉產生的數字來決定），而輸的一方輸掉相應的分值。由於雙方都能看清楚自己的得失，所以這場博奕就開始了。

	A	B	C	D
E	7	6	5	8
F	10	1	3	2
G	1	4	4	7
H	5	2	3	4

儘管遊戲雙方無法得知對方的選擇，但他們還是得設法想出最好的策略來。

在這個遊戲中乙很可能為了多贏一點而選擇F，並希望甲能選A，這樣乙就可

以順利拿到最高分十分。甲當然可以設身處地地猜得到乙的答案，所以決定選Ｂ，讓對手只得到一分。

但乙考慮到甲可能看穿自己的想法，所以在策略上要保守一些，不過不管對方怎麼做，乙的每一步都是設法將自己的利益最大化。首先乙可以觀察每一橫排，也就是自己可能的選擇，比較每行最小的數位，因為這代表著甲相對的最佳結果，選擇最小數位中最大的一行（即「最小數極大化」策略）？

依此邏輯，乙會傾向於選擇Ｅ，因為該行最小的數字是5，表示選這一行最差的情況仍高於選其他行，這時候不論甲怎麼選，乙的得分都不會少於5，但其他選擇卻可能因乙猜不透甲的想法而損失慘重。乙要做的就是在甲可能造成的傷害中，尋找衝擊最小的，並儘量將衝擊變成最有利的情況。這是很保守的策略，也稱為「設想最壞狀況」：並非追求勝利，而是避免失敗。如果乙的目標正是力求不輸，「最小數極大化」策略顯然是最明智的。

再讓我們從甲的角度來看這個遊戲，他的目標當然是追求損失極小化，因此極可能採取「最大數極小化」策略，也就是他應該找出每一行中可能得到的最大數位，再挑選其中最小的。所以，他的策略和乙剛好相反。甲盡可能使自己最差的情況變得有利，並且瞭解乙也會選擇對他自己有利的方案，不過他必須儘量讓乙的努力落空。

對甲來說，各行最大數位中最小的一個就是C欄的5。這樣乙怎麼選都無法讓甲損失超過5。因此為了自己的利益，甲應保守點，選擇C，若乙也採取相同策略，則最佳選擇為E。最後乙費盡心思只拿到五分，這也是他估計最少的得分，而甲卻得到估算的最高分5分，這就成為均衡的遊戲：個別遊戲者的最佳選擇，剛好是最好的狀況。不論他們事前是否已經知道對手的行動，都不能改變所得結果。

在這裏，乙的「最小數極大化」和甲的「最大數極小化」策略結果剛好一致，這是在兩人都承認對方的聰明才智時，能做的最好選擇。在這樣的遊戲中，如果對手並非明智之士，但也有例外。因此，乙選擇E，甲選擇C是很謹慎的做法。畢竟，這是個穩定的遊戲。

現在，讓我們改變原來的分值順序，將C列的3和5對調。這時，甲仍沿用先前將最大數極小化的想法，還是選C，期待損失仍為5分；同理，乙將最小數極大化，仍選E，但期待獲利變成3。所以兩人若用前述方式，這次乙的得分變3，而不是5。

當乙站在甲的立場思考，發現甲很可能選擇C，則他就會改選F；當然，甲可能看穿乙的計謀改選B，使乙落得只得1分的下場。回過頭來看，如果甲沒看出他的心思，那麼他很可能得到5分。

當然乙也可以假設甲認為他可以猜透自己的想法，而決定選B，那麼在下一局

裏，乙可以改選回E，使自己在策略思考上略勝甲一籌。但甲當然也會在隨後比賽中追上來，周而復始。在這樣的競賽遊戲裏，所有資訊都清楚呈現在表上，重點就在戰術與對策的謀劃，謀劃力強、能事前推演多種可行方案的人，勝算就比較高。

稍微把規則改一下，馬上可以得到一些概念。如果允許甲和乙不只選一行，分開下注，比如可以把一半賭注放在A，另外各押1／4給C和D等等。

還是沿用第一張表，現在再來看看乙在這個不穩定遊戲中的策略，他目前的情況是這樣的，如果採用「最小數極大化策略」，就應該選E，如果甲也用「最大數極小化策略」，則會選C，結果乙只能得到3分。其實，若乙很肯定甲會選C，他就應該挑F，才能得到5分，那麼，乾脆兩個可能性都下注不是更好嗎？

如果他為了防止狡猾的甲得逞，決定把2／3的籌碼放在E，另外1／3放在F，這樣即使甲真的選了C，乙還是有2／3的賭注贏得3分，1／3得5分。這比原來只能拿到2／3的3分（即2分）要好得多。如果甲想唬他而選B，那麼乙就有2／3的賭注得到6分，1／3得到1分，總和更高。這並不是乙的最佳下注法，但也很接近。

在整個過程中，甲當然知道乙可以分開下注，所以自己也用分散賭注的方式降低乙的獲利。他可以採取保守但也是最好的策略，把部分賭注放在C，同時也在B下注，以和乙最可能的策略抗衡。其實，甲如果把賭注都下在同一行應有更好的成續。在這類遊戲中，不論穩定與否，對每位遊戲者都會有某種最佳策略，或是集中火力，或是分開下注，但兩者都會導出最後的穩定狀態。不管對手如何下注，每位參賽者都有一個最佳的分散賭注策略使自己的獲利最大化。

56 你會改變你的選擇嗎？

理性的決策不應建立在對人心的揣度上。玩心理戰術有時有用，但也可能弄巧成拙。

你出現在一個遊戲節目裏，主持人指出標有1、2、3的三道門給你，而且明確告訴你，其中兩扇門背後是山羊，另一扇門後則有名牌轎車，你要從三個門裏選擇一個，並可以獲得所選門後的獎品。當然你希望自己選中的是汽車而非山羊。既然是三選一，很清楚，你選中汽車的機會就是1／3。

在沒有任何資訊幫助的情況下，你選了一個（比如1號門），這沒有什麼對與不對，完全是運氣問題。但主持人並沒有立刻打開1號門，而是打開了3號，門後出現的是一隻羊。然後主持人問你：是否要改變主意選2號門？現在這就是個決策

問題了：改還是不改。想一想吧！

這個問題是雜誌專欄作家賽凡特女士創出來的，賽凡特的想法大致如下：如果你選了1號門，你就有1／3的機會獲得一輛轎車，但也有2／3的機會，車子是在另外兩扇門後。接著好心的主持人讓你確定車子確實不在3號門後，不過1號門有車子的機率還是維持不變，而2號門後有車子的機率變成2／3。實際上，3號門的機率轉移到了2號門上，所以你當然應該改選。

跟莫斯得勒的讀者對囚犯問題的熱烈反應一樣，賽凡特的遊戲也引來數以千計的讀者來信，讀者多半是認為她的推論是錯的，主張1、2號門應該有相同的機率，採用的也多半是囚犯的演算法，因為你已經把選擇變成2選1，也不知道哪扇門背後有車，因此機率應該跟丟擲銅板一樣。有趣的是，賽凡特又提供一項有用的資訊：一般大眾的來信裏，有90％認為她是錯的，而從大學寄來的信裏，只有60％反對她的意見，在後續的發展裏，一些統計學博士加入自己的意見與信念，且多半認為機率應該是1／2。賽凡特顯然很驚訝這個問題所引發的熱潮及反對聲浪，不過她仍堅持己見。

統計學家從過去到今天都一直在尋求上述問題的答案，其實再簡單不過，每個人都可以理解，也可以親自驗證，在此可以來類比一下：用3張蓋起來的牌當做門，一張A，兩張鬼牌，分別當做車子和山羊，連玩個十幾次看看。很快就可以發現換牌是比較有利的，就和賽凡特說的一樣。那為什麼這些專家還爭吵不休，究竟在3號門出現山羊後，1、2號門的機率變成相等又有什麼問題？或者是不是所有遊戲者都有某些未言明的假設，即使用撲克牌類比也是如此？

令人驚奇的是，儘管雙方結論完全相反，卻都是對的，這也有個小故事。所羅門王有則趣事，兩位鄰人在國王面前爭論，每一位述說完畢，國王就說：「你對！」剛好一位路過的律師聽到了，就質問國王：「怎麼可能兩個人都對？」於是國王回答：「嗯，你說得也對！」

在上述的謎題裏確實藏有一個未知資訊，所有的參與者，包括賽凡特，都對該資訊作了不自覺的假設，多數人甚至不知道有這個未知資訊，由於兩派都認為自己的假設清楚明白，因此應該都沒有意識它們只是假設而已。

現在也談夠謎題了，該來看看到底出了什麼問題？究竟遊戲者該不該換？任何決策問題的最佳解決之道就是先理清有哪些決策方案，現在所面對的是1、2、3號門後有一輛車，遊戲本身沒有其他特殊限制，因此大可假設這是一個公平遊戲，所以初始機率，一如前述，每個門都是1／3，到目前為止都沒問題。

現在遊戲者，就是你，選了1號門，到這兒也沒有什麼問題，因為你一無所知，所以猜對的機率是1／3。

好玩部分開始了，因為主持人打開了3號門，而沒有人問他為什麼要開3號門。這兒有幾種可能性，主持人的選擇所傳達的資訊跟你對主持人心裏那把尺子的瞭解

有關，這一點到目前還是未知。主持人可能只想玩玩票，只要遊戲者選1號，他就一定開3號門，不管3號門後是不是車，如果剛好出現羊，那運氣不錯；如果是車，那麼遊戲就告一段落，你就輸了。如果主持人真是這麼想，那麼3號門後不是車，對你來說確實是一項新資訊，這時車子出現的可能就是1號或2號門其中之一，兩者間沒有特別偏好，主持人並沒有給你換門的好理由，也沒有提供讓你維持原答案的原因。多數賽凡特的反對者都相信在這樣的情形下，機率是均等的，卻全然不知他們已經對主持人的策略作了假設。甚至也根本不知道自己已經作了假設，不過他們都很肯定自己是對的。

不過，如果主持人並沒有玩票，而自有另一套規則，他心裏知道絕不能打開有車子的那扇門，因為這會破壞遊戲者作決策的懸疑氣氛，提早結束遊戲，使觀眾失去興趣，服務於娛樂事業的主持人，想吸引觀眾應該是很合理的猜測。因此，如果主持人的策略是絕對不去開有車的那扇門，那麼如果你一開始就選對了，他就可以高興地開2號門或3號門；如果你一開始就選錯了，那麼他就會開沒有車子的那扇門。因此無論如何，他開的那扇門後一定是頭山羊，所以不會有任何新資訊。

因此不管車子在哪裡，他的舉動都不會影響最初的選擇，也就是1號門的機率。如果車子不在1號門後，那麼他開的門等於是告訴你大獎的所在，因此有2／3的機會。所以第一次選1號門就選錯了，他等於已經告訴你應該選哪一扇門。如果這是主持人的策略，那賽凡特就是對的，有機會就趕快換，榮耀將屬於你。雖然換選未必保證你一定會獲勝，因為你仍有1／3的機率在第一次選擇時就選對了，不過換選還是把獲勝機會加倍。

這種情況其實是因為兩方對主持人心理所作的假設不同，因此雙方都有可能是對的。如果主持人開門是隨機的，車子又不在他開出的那扇門的後面，那麼機率就真的各有50％。如果他早就決定好，在這個階段，絕不去開有車的那扇門，那麼他讓你先看3號門後是什麼的同時，你就應該利用這項資訊而換選。

但最困難、最有趣的問題是：如果一切如前述，你實在不知道主持人的策略，也不可能去問。如果細想就知道正確決策跟主持人的心態大大有關，他也不會說出來。於是就只能猜測，愈能猜中主持人的心理就愈能作出換與不換的正確決策，生活不也是這樣的嗎？

理性的決策不應建立在對人心的揣度上。玩心理戰術有時有用，但也可能弄巧成拙。你當然可以猜測主持人這樣做是為了再給你一次機會；但是同樣可能的是，此人是個為了提高收視率而不擇手段的人，甚至是個心理陰暗的人，他這樣做完全是為了誤導你作出錯誤選擇。

事實上，大多數認為「不應換」的人，可能都有這樣的戒備心理。他們可能這樣想：「我已經作出了選擇，對不對都只不過是運氣好不好，而一旦我改換了選擇，

而又錯了，我就成了被耍弄的傻瓜。

不過有一點很明白，如果不考慮任何心理因素，決定換絕不會吃虧，機率至少是一半一半，根本沒有損失。這也正是許多對策專家傾向換選的原因。

這裏有一個問題：「機率」並不一定等於「結果」，這就好比買彩票，買一百張彩票的中獎機率肯定要大於只買一張，但這並不排除相反的結果：那個買一百張彩票的什麼也沒中，倒是讓那個只買一張的撿了便宜。

關鍵不在於機率，而是機率背後的思想和情感：如公主的愛與嫉妒孰輕孰重、主持人是否掌握資訊和他的目的等。說到這裏，我們不得不得出一個無奈的結論：在這個問題上，確實沒有一個保證你正確決策的方法。

繞了一大圈再回到「美女或老虎」的決策，在競技場上命運詭譎的情人由公主指示了右邊的門，他也照做了。毫無疑問，這個倒楣的臣子會想到公主內心的掙扎，判斷公主應該會作出有利她自己的決定，再據此作出自己的決策，使自己有最大的機會獲得幸福的未來。

那個年輕人如果有一點洞察力，他該知道公主（他的情人）的性格傾向，他們的愛情是建立在相互關懷上還是佔有欲上，但是這種事又是不能打包票的。在這種情況下，年輕人聽從公主的指引，其實就是把希望寄託在他們的愛情上，這是有道理的。即使結局並不一定好。事實上，我們所作的多數選擇都冒一些風險，都有失敗的可能，我們所能做的，不過是盡心盡力而已。正如那句老話：豈能盡如人意？但求無愧我心。

57 不虞現象與下一步的決策

每個決策往往並不是孤立的，你一定要想到你的每一個策略都會有哪些好的不虞現象，或者會產生哪些不好的不虞現象。

蝴蝶效應說明，事物發展的結果，對初始條件具有極為敏感的依賴性，初始條件的極小偏差，將會引起結果的極大差異。一個壞的微小的機制，如果不加以及時地引導、調節，會給企業帶來非常大的危害；一個好的微小的機制，只要正確指引，經過一段時間的努力，將會產生巨大效益。

美國曾有一家叫做哈勒爾的小公司，在一九六七年時憑藉買斷「配方409」清潔噴液的批發權，佔據了美國幾乎50%的清潔噴液市場。於是，家用產品之王——寶潔公司開始眼紅。它推出了一個叫做「新奇」的清潔噴液。哈勒爾的生意遭遇到大的問題——顯然，它不是寶潔的競爭對手。

哈勒爾感到了恐懼——它得到的資訊表明它即將被踢出清潔噴液的市場，它要

垮掉——它必須冷靜下來，設置對抗的「陰謀」。

哈勒爾決定採取三步：

第一步　擾亂對手的視線；

第二步　打擊寶潔主管人員的信心；

第三步　限制寶潔產品在市場上的銷售量，從而，因為銷量不佳，難以抵補已投入的大量資金而撤出這個「新奇」產品專案。

首先，寶潔在丹佛試銷時，哈勒爾從丹佛撤出自己的「配方409」。當時有兩種形式可供選擇：一種是把自己的產品全部從貨架上搬走，另一種是先中止在丹佛的廣告和促銷，然後停止供貨，漸漸使商店無貨可補。

兩種撤貨形式，哈勒爾選擇了第二步，因為如果選擇第一層，很容易讓敵人發覺。它靜悄悄地、迅速地完成了這一步。寶潔的市場試銷反饋當然是「感覺良好」。於是「新奇」大面積上市，準備開展全國範圍內的「席捲攻勢」。而此時，哈勒爾將「配方409」以原來價格的50％傾銷。本來寶潔認為「哈勒爾已不在市場了」，此時卻突然遭遇「伏擊」，主管人員感到措手不及。接著，哈勒爾開始了廣告攻勢：「優惠期有限！」結果一般的清潔噴液消費者在很短的時間內幾乎購買了可用半年以上的「配方409」清潔噴液。也就是說，寶潔的「新奇」再好，甚至馬上跟進降價，消費者在半年內也用不著再買此類商品了。「新奇」一上市就嚴重滯銷，寶潔內部開始認為「新奇」是項「錯誤的產品」。在議論紛紛中，不得不撤了「新奇」的生產銷售計劃。

在這場商戰中，哈勒爾成功地運用了「干擾資訊」，使寶潔作出了錯誤的決策。從博奕論的角度來看，在你作出每個重大決策時都要深入反思：下一個行動將會產生什麼樣的影響？

二百多年以前，霍雷斯．瓦爾坡寫了一本名叫《不虞國三王記》的故事。據說不虞國位於錫蘭島上，這是一個古怪的國家。在那裏，你本來不找什麼，可偏偏就會碰上什麼；你本來想要什麼，但就是找不到，什麼事情都會事與願違。霍雷斯．瓦爾坡根據這個故事創造了一個詞：不虞現象，用它來表示意外發現原來根本沒有去追求的結果。

現實生活中，不虞國是沒有的，但不虞現象卻到處存在。因此，在決策時，你一定要想到你的每一個策略都會有哪些好的不虞現象？或者會產生哪些不好的不虞現象？

美國經濟學家羅塞爾在其《無形的心》一書中講過一個不虞現象的故事：從一九〇〇年左右起，美國聯邦政府試圖消滅國家黃石公園內的狼群，這讓當地的牧場主歡喜異常，因為再也沒有狼群從公園中溜出來偷吃他們的牲畜了，而且公園中的海狸也會受到有效保護。

到了二十世紀三〇年代，黃石公園中的狼絕跡了。狼少了，麋鹿的數量一再增加，這使公園的管理者和遊人十分高興。但是事情的發展往往是我們所無法預料的。一個後果是顯而易見的：隨著麋鹿越來越多，它們吃的東西也越來越多。麋鹿吃光了小溪旁的所有植物——荊棘、灌木、低矮的樹木、生長在水邊的柳樹和白楊，而海狸要靠柳樹和白楊生存。所以黃石公園中狼絕對的一個最讓人意料不到的影響就是海狸的數量急劇減少。

這很有點兒諷刺，狼是吃海狸的。所以你會認為狼沒有了對海狸好才對，可是結果卻恰恰相反。

58 資訊不透明情況下的利害權衡

一般人很容易把一組選擇方案的事前機率誤以為是其他方案的事後機率，其實兩者根本風馬牛不相及。

讓我們來看一個故事。一個神仙經過一個花園，聽見張三、李四二人在談論關於神仙的故事。神仙被他們的對話吸引，於是想和他們玩一個遊戲。

神仙把一筆錢放入兩個信封，將信封分給二人。神仙透露，這兩個信封裏金額不同，其中一個是另一個的兩倍，但他沒有說哪個多哪個少。然後，神仙消失了。

在神仙消失後，兩個人拆開信封，偷看自己拿到的那筆錢，同時心裏忖度著，自己到底拿到多的那份？還是少的？

張三會心想：如果這是多的那份，李四就只有我的一半；不過，他也可能很走運，比我拿到的多一倍。李四自然也會有同樣的想法。

神仙事先把錢裝好，密封之後隨機發給他們的，因此這是一個對等賭局，兩人拿到大份的機率是一半一半。如果兩人同意交換，那麼一方贏得一倍金額和損失一半金額的機率都是50％。

如果兩人肯互相交換信封，那就一定會有一方贏（所得加倍）一方輸（所得減半），張三贏就等於李四輸，反之亦然。既然不能雙贏，就一定有人是錯的。但這兩人不都是經過縝密的邏輯思考了嗎？

「張三」和「李四」兩人都犯了一個首要的錯誤，以為中大獎的機率在拆開信封以前或之後完全沒有兩樣。由於神仙在分信之前充分洗過牌，因此兩人在拆開信封前得大獎的機率確實是一半一半，但當兩人看過內容後，實在沒有道理假設他們仍認為自己拿到小額支票的機率還是50％。

實際上，不論神仙的獎金是多少，一千元也好，十億元也罷，他先把獎金分成不等的兩份，再充分洗過，「張三」拿到任何一個信封的機會都是50％，到此都沒有問題。不過在兩人拆開信封查看後，情況就完全改變了。

所以如果「張三」打開信封並發現自己拿到十萬元，就可以推論總獎金只有兩種可能：如果「李四」拿到五萬，總數就是十五萬；如果「李四」拿到二十萬，總數就是三十萬，而他分到的就是小份的。因此，「張三」要算的機率不是究竟自己拿到的是大份還是小份（在信封發放前，機會應該是一半一半），而是究竟神仙給的是十五萬還是三十萬，這可就是完全不同的選擇了。「張三」不應該還相信兩者出現的機率各是50％。如果他認為神仙的財力或慷慨程度有限，那麼他應該設想最壞的狀況：神仙給的是十五萬，自己已得到較大的一筆獎金，所以不該交換，這個結論跟他一開始的想法正好相反。

當然，「張三」也可以假設神仙非常富有，送出個十五萬、三十萬根本不算什麼。因此，兩種情況都有可能，所以結論和先前想法一致，他應該交換。

重點是「張三」不能不顧手中拿的是百萬還是更多，而作相同的假設，因為這裏談的是機率，它的基本原則為所有可能選擇方案的機率值加起來一定要等於一，不論是「張三」、「李四」，還是神仙都不能改變這一點。所以不論金額多少，假設機率都一樣，則其加起來結果絕不會等於一。因此，「張三」和「李四」如果要作出理性決策，就必須估計神仙的財富到底有多少、獎金總額又有多高，而誰根據手中的金額把獎金總額估算得越精確，就越可能作出是否交換的最佳決策。至於手中拿到小額獎金的人會比較傾向交換，這本來就是很合理的。

這裏要說明的是：談機率時一定要弄清楚比較的選擇方案究竟是什麼。在「張三」、「李四」拿到信封前，他們拿到大額獎金的機率確實是各半，一旦信封發下來，原來的方案就消失了，這時再談既定事物的機率完全沒有意義，也就是機率會隨事件的發展、選擇的改變或消失等而有所不同。在信封發下來後，應該考慮的方案就不再是誰拿到哪一個，而是神仙究竟給了多少。

一般人很容易把一組選擇方案的事前機率誤以為是其他方案的事後機率，其實兩者根本風馬牛不相及。就像賽馬開閘後，馬匹風馳電掣地向終點進發，這時下注站是絕對不會允許你加注的。這實在太明顯了，但它卻是本節「悖論」的根源所在。

但其中一人是否能完全猜對呢？大概不能吧，因為他們對神仙的慷慨程度瞭解有限。但有什麼關係呢？就像現實生活裏，猜得愈准的人，決策就做得愈好。如果你不想把希望寄託在老天開恩上面，智慧是救不了你的，你只有依靠情感這個朋友了。

現在，我們把問題修改一下：假如「張三」與「李四」正在說褻瀆神靈的話，被神仙聽到了，於是勃然大怒，要給他們以懲罰。於是神仙寫下兩個數位，一個是另一個的兩倍，誰抽到其中一個，就要挨上相同數目的鞭子。在這種情況下，兩個

人還要不要交換呢？

你會發現，這次兩個人的選擇完全不同了。「張三」發現自己抽到的是一百，他當然巴不得換來一個五十，可是他想：假如「李四」抽到的是二百，這麼一交換就要多挨一百鞭，而最好的結果不過是少挨五十鞭，權衡利弊，還是不要換了，老實挨這一百鞭吧。「李四」也會這樣想，所以誰也不願交換，即使交換肯定對其中一人有利。

由此我們看到，在獲得利益時，人們願意承擔某些風險，但是在付出代價時，人們就傾向於回避風險。「張三」可能想到「知足常樂」的古訓，只要他相信自己不至於被打得沒了命，他就不會去交換。

59 不可以完全相信機率

在很多賭博遊戲中，如果你一味相信自己機率的直覺，就可能輸得很慘。

讓我們來玩一個遊戲：在一個帽子裏有三張卡片，一張兩面都是黑的，一張兩面都是白的，還有一張兩面一黑一白，他從裏面摸出一張（如果你怕他做手腳，也可以由你來摸），攤到桌面上，當然，朝上這一面可能是黑的，也可能是白的，現在他和你打賭背面的顏色與上面一致，你打不打這個賭？

看起來，這是個對等賭局，如果這一面是黑的，那就一定排除了兩面都是白的那一張，因此，這張牌要麼是兩面黑，要麼是一黑一白，所以你的機會是一半，對不對？

如果它真是公平的，對方怎麼會那麼容易贏了你的錢呢？其實這個賭局是2：1，對他有利。

關鍵在於：可能的情況是三種，而不像你以為的那樣是兩種。它可能是：黑（A面朝上）－黑、黑（B面朝上）－黑、黑－白，也就是說：對方有2／3的機會贏你。

再來看一個相似的例子：

甲「我向空中扔三枚硬幣。如果它們落地後全是正面朝上，我就給你十分。如果它們全是反面朝上，我也給你十分。但是，如果它們落地時是其他情況，你得給我五分。」

乙「讓我想想：至少有兩枚硬幣必定情況相同，因為如果有兩枚硬幣情況不同，則第三枚一定會與這兩枚硬幣之一情況相同。而如果兩枚情況相同，則第三枚不是與這兩枚情況相同，就是與它們情況不同。第三枚與其他兩枚情況相同或情況不同的可能性是一樣的。因此，三枚硬幣情況完全相同或情況不完全相同的可能性是一樣的。但是甲是以十分對我的五分來賭它們的不完全相同，這分明對我有利。

好吧，我打這個賭！」

乙接受這樣的打賭是明智的嗎？不，他的上述推理是完全錯誤的。

為了弄清三枚硬幣落地時情況完全相同或不完全相同的機率，我們必須首先列出三枚硬幣落地時的所有可能性。簡單說，一共有八種情況，而只有兩種情況是三枚硬幣完全相同。這意味著三枚硬幣情況完全相同的可能性是１／４，三枚硬幣落地時情況不完全相同的式樣有六種。因此其可能性是３／４。

換句話說，甲的打算是，從長遠的觀點看，他每扔四次硬幣就會贏三次。他贏的三次，乙總共要付給他十五分。乙贏的那一次，他付給乙十分。這樣每扔四次硬幣，甲就獲利五分——如果他們反覆打這個賭，甲就有相當可觀的贏利。

60「越是賊窩越要加強防盜工作」

好人是基於「做人的道理」而力求誠實。但在爾虞我詐的世界裏，誠實的行為則多半是出於「自利」而非道德。

一九二二年，美籍牧師安東·倫丁遭土匪綁票，獲釋後，倫丁牧師記錄下了自己的見聞：

「有一天，一片濃重的陰鬱籠罩了匪首和整個營地。匪首的一個下屬違反了命令。在土匪地盤裏，有些做法與在行軍路上有所不同。在路上，任何土匪都可幹下任何暴行而不會因此受罰。而在這裏，在土匪地盤裏，匪首們是很注重自己名聲的。正在受審的這個土匪以匪首的名義偷取了一條毯子。當消息傳到匪首耳朵裏時，他暴跳如雷，命令馬上把這個該死的土匪宰了。這個土匪的許多朋友為此都來求情，希望匪首能給予寬大處理，但所有這些努力都沒有奏效。人被槍斃了，一切都已過去，但處決的命令卻令人耿耿於懷。好幾天，營地裏人氣低落消沈。尤其是匪首自己，更是明顯的鬱鬱寡歡。」

倫丁牧師本來對土匪的印象還挺好，但是：

「我們剛出土匪區，對他們的印象一下子就變壞了。他們無惡不作，燒殺搶掠簡直達到了登峰造極的程度，可怕的劫掠景象難以用語言形容。遠近四方的村子全部被毀，煙與火是土匪所到之處留下最明顯的痕跡。隨著土匪隊伍的移動，遭難的地區實際上擴展到了十英里以外，到處是濃煙、烈火、灰燼和廢墟。」

在相聲《小偷公司》中有一句話「越是賊窩越要加強防盜工作」，這不僅僅是包袱的笑料。倫丁牧師對土匪公正執法的描述很真實，在自己的地盤裏，土匪比警察還要嚴厲地打擊犯罪。為什麼？為了利益，假如匪首打算長期立足，那麼他就會希望樹立起公正的口碑。

假如你一個對手只玩一次「囚徒困境」的遊戲，博奕一次，背叛對你一定比較有利。但假如你們要玩一百次、一千次，理性的參賽者在每個回合都應該會選擇壞心，只要這個博奕存在確定的最後一次。博奕論指出，當兩個人陷入有限次數重複性博奕中的囚徒困境時，他們一般會選擇惡意。

在博奕論的領域外，有很多人的好心都超過了應有的程度，但他們也不喜歡被佔便宜。比方說，你認為你的對手一開始會選擇好心。但你也覺得假如你開始對他使壞，他就會對你使壞。此時你應該怎麼做才好？你或許應該選擇好心，直到最後兩次為止。當然，到了最後一次時，你絕對應該背叛你的夥伴。

在重複次數有限的囚徒困境博奕中，理性的雙方之所以絕對不可能善待對方，原因就在於這最後一回合的背叛。既然理性的對手在第一百回合一定會背叛你，你在第九十九回合就應該背叛他。同樣，既然你在第九十九回合會背叛他，他在第九十八回合就應該對你使壞，以次類推。不過，如果你對對手的理性程度有所質疑，你可能會想要在第一回合選擇好心，這並不表示不理性對你的對手有利，而是表示「看起來不理性」對他有利。

有趣的是，就算你們兩個都很理性，兩人皆好心的結果還是有可能延續到最後一回合。假如雙方都很理性，但沒有人能百分之百確定對方很理性，那麼雙方可能就會理性地選擇好心，並持續到最後幾回合。

61 破解「檸檬市場」

「資訊不對稱」影響了一大批經濟學家，大家又相繼發現了許多個「檸檬市場」。

在美國的俚語中，「檸檬」是「次品」或者「不中用產品」的意思。二十世紀六〇年代，經濟學家阿克洛夫正是從舊車市場這一他眼中典型的「檸檬市場」分析和提煉出「資訊不對稱」的概念。

他發現：由於買主賣主對於所要交易的「舊車」存在著資訊不對稱，買主通常不願出高價，這樣持有好車的賣主只好選擇退出，市場上剩下的將都是壞車，買主則越來越不願光顧，舊車市場最終將萎縮乃至完蛋。阿克洛夫的這一發現尤其是他提出的「資訊不對稱」的概念後來影響了一大批經濟學家，大家又相繼發現了許多個「檸檬市場」。

比如，經濟學家斯賓斯發現人才市場其實也是個「檸檬市場」：由於資訊不對稱，雇主願意開出的是較低的工資，除了平庸的「檸檬」之外根本不能滿足精英人才的需要，結果出現了劣幣驅逐良幣的現象。

斯蒂格利茨發現信貸市場也是個「檸檬市場」：因為資訊不對稱，貸款人只好

確定一個較高的利率，結果好的本分的企業退避三舍，而壞的壓根就不想還貸的企業卻像蒼蠅逐臭一樣蜂擁而至。

經濟學家提煉出資訊不對稱的概念，挖出一批「檸檬市場」並解剖之是一大貢獻；而提出改造世界的方案，設計出各種在資訊不對稱情況下保障市場有效運轉的機制是另一大貢獻，甚至可以認為是更大的貢獻。

對於拍賣市場，我們通常想到的是，誰出價高交易物就給誰。可是你是否想到，拍賣人可能說「假話」。好比我本來願意出一萬元的，但只要第二名出八千元，我出八千零一元就能拿下來的話，我就不會報價一萬元。如何讓競買者顯示出真實的資訊呢？維克瑞教授運用資訊經濟學原理設計了一個新的拍賣機制。

讓每個人把願意出的價格寫在紙上裝入信封交給你，所有信封打開後，出價最高的人得到那件古董，但實際付的價格是第二高的出價。在這個制度下，每個人都會如實地報告自己對古董的評價，因為出價多少只影響自己是否得到古董，而不影響在得到古董的情況下付多少錢。

比如說，設想有一個人的實際評價是一萬元，如果他出價一萬元，第二高的出價是九千九百元，他得到一百元的淨剩餘；相反，如果他出價九千八百元，他的淨剩餘是零，因為他什麼也得不到。在維克瑞教授設計的機制下，說實話比不說實話好。這裏，真實評價與實際支付的價格之間的差額變成了對說實話的獎勵。

這樣的拍賣機制不僅可以保證把被拍賣物賣給評價最高的人——因而是最有效率的，同時也是在所有拍賣機制中賣者能得到最高收入的拍賣機制，這真是一種難得的制度安排。

62 幸存者遊戲

我們對博奕論的關注，不應只是為了學會如何戰勝別人，而是為了明瞭人生為什麼如此，並從中汲取知識，致力於實現更合理、也更符合群體利益的合作方式。

「幸存者」是比較風靡的一檔「真人秀」電視節目，為什麼？除了鉅額獎金和每個遊戲者命運的懸念外，它還是一個關於人類競爭的博奕模型。

這個遊戲的規則大致是：遊戲者被分為兩組，被送到一個封閉環境中（如海島），一方面，他們要通過分工合作解決食宿等基本需要，另一方面，要在組織者提供的各種任務中，擊敗對手，獲得獎勵。同時，每隔幾天，每個組的成員要分別投票，選出一個被淘汰者……等到兩組或其中一組人數所剩無幾，再合併為一組，繼續淘汰……直至最後只剩下兩個候選者，再由觀眾（或所有被淘汰者）投票，選

出最後的「幸存者」——此人將得到百萬獎金。

這個遊戲很有意思，從最後的結果看，這是一個「零和遊戲」：一個人贏，其他人輸。但是過程中，也有「合作」的內容，一個小「部族」裏的成員，基本上是「既勾結又鬥爭」：一方面，他們要保證自己不被淘汰（同時就意味著別人要被淘汰）；另一方面，他們又必須通過合作維持生存，並在與另外一個「部族」的競爭中贏得勝利。大家有共同利益，也有利益衝突。其中就包含了各種詭計和策略。現在，我們就來玩一下這個遊戲，並把這作為博奕策略的實戰演習吧。

首先，讓我們來看看這場博奕中有哪些要素。

參與者　有些人存心成為贏家，有些只是聽天由命；有些人容易合作，有些卻是自私到家。有些人非常冷酷（或者說，非常理性），有些就很講究紳士風度。你有用，有魅力……這些都是資源。但要記得「智豬博奕」給我們的提示：「大豬」多負責任，增加集體福利。當你被人們看成一隻很有用的「大豬」時，就不太可能被迅速「殺掉」。

遊戲規則可以說，好的策略就是較好地利用規則的策略。顯然，在這個遊戲中，不能指望「長期共處」激發合作的動機——這只是一次性的豪賭。至少在原則上，你不能相信任何人。分組就是一個聰明的制度安排。如果只是一大群人，那麼最可能的結果是，人人都各自為戰，相互拆臺。那麼遊戲就有些單調了，也不那麼吸引人了。儘管人都是自私的，可觀，並不希望總是看到「邪惡本性」的表演。但是這樣的合作也僅僅是權宜之計，注定是脆弱的。

資訊　毋庸置疑，每一個參加者都應該在行動之前，盡可能多地掌握相關資訊。也許你並不一定知道未來將會面對什麼問題，但是你掌握的資訊越多，正確決策的可能就越大。

接下來我們看一看在這個「真人秀」的博奕模型中，盡可能獲得「成功」的策略有哪些？

首先參與者要信奉的原則就是「多一事不如少一事」，更準確點說，是多做一件「好事」，不如少做一件「壞事」。

好事是指你對所在群體的貢獻，如你擅長採集或捕獵，對維持集體的生存有好處；或者你有某種運動天賦，可以幫助集體在比賽中戰勝對手，這樣就可以暫時減少這一集體被淘汰的人數。不用說，這些優良素質對你的存在很有好處，正如在現實中，人們的收益與他的才能有很大關係。但是這些並不能保證你就一定是那個笑到最後的人。

你促進的是集體福利，對此並不是每個人都心存感激。正如「公共困境」證明的，人們最關心的還是他個人的福利。「自毀長城」這個成語就說明了這問題。它出自南朝大將檀道濟的激憤遺言，這位將軍打敗了北朝的入侵，但最終還是被處死。

歷史上這類悲劇不知上演了多少次。為什麼會發生這種悲劇？就是因為這些英雄使某些人感到不快或受到了威脅。

「帕累托效率」在整個遊戲中會經常出現，「你好我也好」並不是普遍規律，有時情況是「你好我不好」甚至「你不好我才好」。

大家都有動機「做掉」一個強者，弱者希望以此增加自己的安全感，強者希望取而代之。強者雖然也有弱點，比如專橫、自大，這些弱點其實對別人無害，但卻是最好的理由。

我們會清楚地看到，人們由於缺乏互信，共謀並不是一件容易的事。遊戲中最關鍵也最能看出每個人的策略的時候就是在投票淘汰的時候。投誰的票？因為每個人都希望獲勝，合理的邏輯似乎是幹掉最有力的競爭者，但是站在「不被淘汰」的角度，似乎應該投票給最有可能被淘汰的那個人。

不透露資訊，誰也不得罪，但是誰都得罪——大家都會把你看成一個潛在敵人；透露資訊，得罪一人，但在別人看來，至少這一輪你的威脅不大。不一定要公開宣稱自己將投誰的票，這可能在日常表現上流露，一輪一個，不可太多。

是否可以清楚地給大家排序？「先除掉他，然後是他，他……」——不是好主意，人們並不總是那麼理性。

雖然整個遊戲以「零和」收場，但在走到最後一步之前，生存下去的條件之一就是合作——拉幫結夥。在人群中找到幾個人，與他們達成交易，共同進退，在每次表決時統一決定投某個「圈外人」的票。

儘管拉幫結夥被認為是「不道德的」，但卻是有效的。一個成功組織了小幫派的「領導者」揚揚得意地談到別人的批評：「有人說這很不誠實……我的回答是：好吧，往下看！」一個後來加入幫派的人說：「開始我認為自己就要被淘汰，但是現在我有了信心……我發現，要在這個世界上生存下去，你就必須卑鄙一點。」

藍徹斯特定律告訴我們：人數優勢的效果估量不是用加法，而是用乘法，同樣，拉一個同盟者的效果也不僅是減少一個可能投票反對你的敵人，而且還增加了一個和你一起投票反對別人的朋友。這帶給你的好處不只是一或兩票，而是可能扭轉局面的決定性優勢。

那麼，一個團夥的理想人數是多少呢？是不是人越多越好？當然，團夥如果很小（如二個人），影響力就有限，可能不足以改變投票結果；但也不能太大，過半數的團夥不但沒有必要，而且隨時面臨崩潰可能。

小幫派的組織者和參與者同樣要面臨麻煩的問題。首先是他人的反抗，被排斥在外的人也被迫組織同樣的聯盟，如果你的幫派勢力不夠，就可能被各個擊破。還有內部的勾心鬥角，因為說到底，這是個零和遊戲，合作不可能長久。每個人都有先背叛的動機。

試想，你組織了一個團夥，團夥共有四人，你們一直在決定別人的命運，現在只有一個團夥外的「幸存者」。五人投票決定這一輪淘汰誰，你有信心4:1淘汰那個「外人」嗎？

此時每個同夥都要打自己的小算盤，計算這個人被淘汰之後自己的處境。如此一來，問題就複雜了。團夥中地位最差的同夥（比如和頭頭關係不好，或者入夥最晚）就會這樣考慮：這個人被淘汰，下一個就要輪到我，所以，我的策略就是支持他，和他共謀，選掉另外一個人。

現在，局面是3:2，你們還是可以勝出，可是，排名第三的同夥也會感到自己不安全，也有反戈一擊的動機，這樣做對他有好處：在新同盟中，他的地位由第三變成了老大；反過來說，即使他這一輪不背叛，下一輪也一定要背叛，因為到那時他就成了團夥中地位最差的了。可是，如果他選擇那時背叛，雙方就是2:2打成平手，而如果他現在就背叛，結果就是他們勝出。顯然，晚背叛不如早背叛。得出這個結論後，他也會選擇和那兩人聯合，局面就扭轉為2:3。

事情還沒完，你最信賴的夥伴看到這個危險，他可能認為繼續支持你沒有好處，反會成為新同盟的敵人，所以他也會投票反對你。這一來，局面完全倒過來了：你這個「帶頭大哥」1:4被淘汰出局。

這個結果可能叫你傷心不已，大感世態炎涼。其實不必，一個「強盜同盟」，本來就是只講利害，不論道德的。

現在遊戲進行到只剩最後三個人。在以往的競爭中，A的表現最好，競爭力最強，B次之，C最差，現在，需要這三人投票淘汰其中一個，你認為誰被淘汰的機會最大？

答案是A。為什麼會是他？想像一下，如果你是B，那麼在最後一輪，你希望和誰競爭？和比你強的，還是比你差的？顯然，和後者競爭你的勝率最高，所以，選擇淘汰強者是你理智的策略。如果你是C這道理也同樣適用，雖然這兩個人都比你強，但是和B競爭，你的機會多少還大一些，因此，你的理智選擇也是淘汰A。既然B、C都投A的票，無論他投票反對誰，都難逃出局的命運了。

回想我們曾經討論過的「三個快槍手」，三個人的準確率分別是80％、60％和40％（而且三人相互瞭解），誰最有可能獲勝？是最不准的那個人。根據前面故事裏的邏輯，兩個劣勢者會合夥對付優勢者。這樣第一輪他被淘汰的機會最大，第二個人被淘汰的機會次之（優勢者當然會對他下手），那個只有40％準確率的人這一輪的風險是零。他很有可能這一輪就勝出（如果另外兩人被同時幹掉）。即使只被幹掉了一個，他還是有機會——儘管小一些。我們都懂得「優勝劣汰」的進化原則，可是在生活中，又總能看到「劣幣逐良幣」的現象，原因之一就是優勢者過於引人注目而成為許多人的眼中釘。

好了，現在只剩你們兩個了，你們的命運要由別人（那些過去被你們淘汰掉的）來決定：誰能贏得那一百萬？我還是他（她）呢？

一看資源（包括長相、社會號召力），不要小看這些，製作這個節目的電視公司當然喜歡選出更有廣告效應的人，他們可能會對投票施加影響。二看表現（得罪人越多，希望越小）。三看？到了這個時候，除了聽天由命，你還有沒有更好的策略？

你或許可以抓住最後的機會，贏得大家的喜愛，正如一個政客，抓住競選之前的最後幾天頻繁亮相，到處許願，親吻小孩，或者表現出勝券在握的樣子，這些行為可能有效，但也可能有麻煩。

首先，對方也可能針鋒相對，和你競爭人氣，即使對方本來不想這樣做，你的行為也會刺激他。而這種競爭是勝負難料的。其次，你的表演可能產生反效果，原來打算支持你的人因為感覺你「矯揉造作」轉而投對方的票；或者，你的優異表現，倒增加了大家對「弱者」的同情，如你為了表現紳士風度，處處照顧你的同伴，而對方一副小鳥依人、我見猶憐的柔弱樣子，給別人的感覺是：這一百萬給你不過是錦上添花，給對方才是雪中送炭，他（她）比你更需要這筆錢。如果是這個結果，你的表演豈不是弄巧成拙？

相比之下，另一個策略更值得考慮：可否共謀？你可以和對方私下商量（當然，這也許是規則不允許的，但你們可以找到機會）：無論最後獎金歸誰，都由你們平分。

這要看雙方如何評估自己的處境，假如你自以為勝券在握，你是不會提出這個交易的；如果對方這麼想，也不會接受。可是天下哪有那麼可靠的事呢？

我們討論過「交換信封」博奕；在那個博奕中，雙方冒險的動力是所得大於所失。這裏沒有這個動力，所以，雙方都未必願意冒險。同樣，我們也已經討論過：失去的痛苦大於得到的喜悅，這麼共謀的結果，是將「要麼全有，要麼全無」變成了肯定得到五十萬，儘管獎金減半，但不要忘了，那一百萬只有50％的機率到手，所以，這個交易對你對他都是值得考慮的。

假如對方拒絕，你怕白白損失一半獎金，也可以修正交易：勝者拿七十或八十萬，敗者拿剩下的部分。這樣贏家損失不大，輸家也不致空手而回，是不是更合理？可以想像，一定會有一個比例是雙方都能接受的。也就是說，達成共謀的可能很大。

這裏的問題是：規則是否允許私下交易？假如不允許，而且一旦發現犯規就判出局，達成共謀的可能性就很小了，你怎麼知道對方不會告發你而坐收漁利呢？不要忘了，在「只此一次」的「囚犯困境」中，合作是不可能的。

如果我們把這個遊戲看做一個特定條件下的博奕模型，它會給我們很多啟發；但是如果你不希望陷入「囚犯困境」，就不要把它看做人類生存狀態的縮影。

世界廣闊，不局限於一個小圈子，在遊戲中，你一旦失敗就意味著永遠出局；然而在現實中，從未經歷過失敗的人也許並不存在，我們應該懂得一個道理：失敗並不是世界末日，相反，它未必不是獲得成功必須經辦的煩瑣手續。事實上，那些遊戲中的失敗者，在生活的競爭中也許比那個「幸存者」做得更好。

世界複雜，不局限於一個標準。人的追求不同，對「成功」的理解也不同，有人追求金錢，有人追求某種卓越表現，有人追求生活的平衡，他們都有道理，不必強求一致。

其實，換一個角度看，我們每個人都可以說是一個「幸存者」，一個生活的勝利者。

英國作家史密斯曾自嘲地寫道：「誰能說我不是個成功者？我不是在這輩子裏，成功地避免了被人吃掉，並給自己弄到了足夠的食物嗎？」是的，每個活著的人都曾贏得了億萬精子參加的賽跑，都經歷了無數潛在風險的考驗，都在人生無常與世事險惡中安然幸存，這是多麼了不起的成就！

作為如此輝煌的勝利者，我們應該有信心和能力，共同創造更美好的未來。

63 誠信如何在困境中為生

世界不是一個「幸存者」遊戲。在這個「零和」遊戲中，勝利是排他的：一人勝利，意味著其他人失敗，但在生活中，並不一定這樣。

在「囚徒困境」中我們瞭解到，如果雙方之間的交易是一次性的，結果一定是誠信缺失。不過，如果反覆交往，即交易一次又一次地進行，結果會有所變化。連續的交易又因無限重複和有限重複而不同。如果A和B之間的交易是不限次數的，就存在著對不守誠信行為的懲罰和對信守諾言的回報。

設想交易以A違約開始。到第二次交易時，B會不信任A，要麼放棄交易，要麼附加更多的條件，但這對雙方都不利。他們會認識到，出於追求個人利益最大化的行為，反而導致了雙方利益的損失。交易還要進行下去，有鑒於不合作的惡果，到第三次交易時，A會嘗試著遵守遊戲規則。你投我以桃，我必報你以李，在第四次交易中B就會信任對方。

反之，如果A在第四次交易中對B第三次交易中發出的善意信號置若罔聞，則我做初一，你定做十五，B會在第五次交易中繼續違約，結果大家都不能討好，則交易會再度受限於囚徒困境的僵局。但是，既然交易要不斷地進行下去，則囚徒困

境結局注定會通過不斷的懲罰與激勵，最終出現雙方合作共同獲益的結果。每個人都是理性的，能夠推演上述過程。於是我們會發覺，與其在第二次交易中遵守規則，還不如在第一次交易中就遵守規則來得明智。

因此結論是，對於無限連續交易而言，每次交易的均衡都表現為雙方都遵守規則、堅守誠信，形成最優結局。

但是，如果交易雖然重複進行，但次數有限，則每一次交易的均衡仍然與一次性的交易相同。道理很簡單。既然次數有限，則一定存在著最後一次的交易。既然是最後的交易，則不管你做什麼，一諾千金也好，坑蒙拐騙也好，既不會遭受損金折物的懲罰，也不會享受綬帶披身的獎勵，因為交易結束了。因此說，最後一次的交易等同於一次性的交易。

那麼倒數第二次交易又如何呢？因為最後一次交易已經確定就是囚徒困境式的結局，並不會因為倒數第二次交易的性質而更改，那就是說，倒數第二次交易不受最後一次交易的約束。當你遵守規則時，不會在下一次受到獎勵；當你違背規則時，也不存在著懲罰。因此，倒數第二次的交易同樣與一次性的交易無異，其結果也是囚徒困境。這與無限重複的交易有著根本的區別。

以次類推，一直到第一次交易，都不存在著激勵與懲罰機制。因此，有限連續的博奕在性質上與一次性的交易相同，其每一次都會出現囚徒困境結局。

推而廣之，在市場經濟中，如果雙方只進行一次交易，很可能會產生誠信缺失。但如果交易不止一次，而是反復交易，結果就會有所變化。正因為交易以後還要進行，不守信只會使自己在以後的交易中遭到更大損失。因此，對於無限連續交易的博奕而言，遵守信用是最好的選擇。所以，只有當人們真切地認識到誠信可以給自己帶來利益，誠信才會成為交易各方主體的最優選擇。

如何能確保誠信合作的維持？這裏有三種情況。

情況一是，一個人有可能會自始至終和同一個人來往、交易，並且交易是無限連續的。在多年的交情中，毫無疑問，這樣交易中誠信是不成問題的。

情況二是，就算這個人和不同的人交易，每個人都只交易有限次數，但與不同人的一系列交易在時間上錯開，而且其交易物件相互之間擁有共同的資訊，這也等同於與同一個人交易。因為，當這個人和A交易時，無論是守信的良好記錄，還是背信的劣為，都會被下一個物件B所獲知，B會據此採取相應的措施。

在西方市場經濟成熟的國家，銀行對個人信譽的記錄就是一個資訊共用機制，警察局對個人刑事污點的記錄也是一個資訊共用機制。這些機制足以保證一個人的交易信用為其他人獲知，使一個人以往所作所為始終如影隨形地跟定他，從而使得他的交易具有無限連續的性質，有獎懲機制加以約束：不管你是到了天邊，良好的銀行信用會促進你的事業；也不管你是到了海角，曾經偷竊的刑事記錄仍會阻止你

獲得貸款。

情況三是，和不同的人交易有限次數，但其交易物件雖然也在時間上錯開，但並不共用資訊，或者資訊共用的範圍是區域性的。

由於資訊傳遞的阻塞，當你在學校考試作弊時，仍可以在甲公司謀得一席職位；當你在甲公司因報銷假發票被辭退時，還可以嘗試應聘乙公司。在這種情況下，一個人欺騙的動機會強化，而誠實的心理會減弱。

因此，解決誠信也有簡單的方法，那就是建立個人信用體系，讓個人的誠信記錄成為共用的資訊。

(END)

國家圖書館出版品預行編目(CIP)資料

人生必讀的博奕策略 / 白波, 郭興文
編著. -- 初版. -- 臺北市：華志文化事
業有限公司, 2021.12
面；　公分. -- (一生必讀經典；1)
ISBN 978-626-95187-5-3(平裝)
1. 人生哲學 2. 博奕論

191.9　　110017723

華志文化事業有限公司

系列／一生必讀經典01
書名／人生必讀的博奕策略

編者　白波　郭興文
執行編輯　簡煜哲
美術編輯　楊雅婷
封面設計　王志強
文字校對　陳欣欣
企劃執行　張淑勤
總編輯　黃志中
社長　楊凱翔
出版者　華志文化事業有限公司
電子信箱　huachihbook@yahoo.com.tw
地址　116 台北市文山區興隆路四段九十六巷三弄六號四樓
電話　0937075060

總經銷商　旭昇圖書有限公司
地址　235 新北市中和區中山路二段三五二號二樓
電話　02-22451480
傳真　02-22451479
郵政劃撥　戶名：旭昇圖書有限公司（帳號：12935041）

出版日期　西元二〇二一年十二月初版第一刷
書號　B101

華志文化